RAINER / GÄRTEN

AKADEMISCHE
DRUCK-u.VERLAGSANSTALT
GRAZ-AUSTRIA

ROLAND RAINER

GÄRTEN

LEBENSRÄUME · SINNBILDER
KUNSTWERKE

Graphische Gestaltung:
Roland Rainer
Umschlaggestaltung:
Kurt Edelsbrunner
Gesamtherstellung:
© 1982
Akademische Druck- u. Verlagsanstalt, Graz
Printed in Austria
ISBN 3-201-01188-6

VORWORT

Dieses Buch ist nicht von einem Fachmann, von keinem Gärtner, Gartenarchitekten oder Landschaftsgestalter, von keinem Botaniker oder Kunsthistoriker geschrieben, sondern von einem Laien, den freilich von früher Jugend an Pflanzen und Gärten fasziniert haben, der sie daher immer wieder aufgesucht, studiert und anzulegen und zu erhalten versucht hat und dem bei seiner Architektenarbeit die Gestaltung der Räume zwischen den Gebäuden nicht weniger wichtig ist als das Bauen selbst, der Außen- und Innenräume immer als Einheit aufzufassen versucht.

So muß der Autor vor allem die Fachleute wegen seiner laienhaften Ansichten um Nachsicht bitten, aber auch wegen der Bedeutung, die von Laien angelegte Gärten in diesem Buch gewonnen haben; dabei kann als Entschuldigung vielleicht die Tatsache gelten, daß der allergrößte Teil aller Gärten seit jeher bis heute von Laien angelegt, genutzt und erhalten worden ist und wird.

Im Laufe vieler Jahre entstandene Bilder und Gedanken werden hier nicht wegen ihrer „Aktualität", sondern deshalb publiziert, weil in den so verschiedenartigen Gärten uralte, immer wieder neu entstehende menschliche Bedürfnisse oder Wünsche erfüllt, Vorstellungen, Träume, Sinnbilder und Archetypen verwirklicht werden, weil sich die verschiedenartigsten Leute mittels ihrer Gärten eine ganz persönliche Umwelt selbst gestalten können – eine sehr veränderliche Welt aus lebendigem, wachsendem, blühendem und vergänglichem Material, das auch die Bewohner einer technokratisch beherrschten, „gemachten" Welt bei jeder Gelegenheit die Grenzen aller „Machbarkeit" erleben läßt, sie zu unaufhörlicher Auseinandersetzung mit Natur und Naturgesetzen – und zu ihrer Berücksichtigung! – zwingt; und das dürfte angesichts der verhängnisvollen Selbstherrlichkeit einer technisierten und kommerzialisierten Gesellschaft gerade jetzt und künftig besonders wichtig sein.

Andererseits sind Gärten seit jeher auch als sichtbare Zeichen, als Sinnbilder der eine Gesellschaft beherrschenden Vorstellungen oder Mächte angelegt worden. In den großen Parks der alten Residenzen finden wir z. B. dieselben Raum- und Formvorstellungen verwirklicht wie in den Residenzstädten selbst – nur aus Pflanzen gebaut statt aus Stein. Aber diese Raumgedanken konnten in den Gärten, unbeschwert von Bindungen durch Zwecke, Funktionen oder Finanzen, oft ungleich klarer zum Ausdruck kommen als in den gebauten Städten. Gartenkunst konnte dem Städtebau in Konzeption und Anlage vorauseilen, und ihre Konzepte haben auch in ihrer ursprünglichen Form dort überleben können, wo dauernde Pflege als Erhaltung und Weiterführung geistigen Erbes, als eine Verpflichtung empfunden wird, wo also kulturelle Tradition kein Schlagwort, sondern lebendige Praxis geblieben ist – und wir erinnern uns, daß das Wort „Kultur" von „agricultur" kommt, so wie „Paradies" von der persischen Bezeichnung für Garten, jenen Garten Eden, in den nach dem Buche Moses der Mensch gesetzt worden ist, auf daß er ihn pflege und bewahre.

So geht es dem Verfasser in dieser Publikation um die Wünsche, Gedanken und Vorstellungen, die hinter der unendlich vielfältigen Erscheinung der Gärten stehen, die Menschen seit jeher als Lebensräume für sich, für Pflanzen und Tiere, die sie auch als Sinnbilder und als Kunstwerke geschaffen und gestaltet haben.

Der Verfasser hat dem Verlag für das große Verständnis zu danken, mit dem er dieses nicht unproblematische Unterfangen ermöglicht und auf seine kultivierte Weise verwirktlicht hat; ebenso den Stellen und Persönlichkeiten, die ihm Bilder zur Verfügung gestellt, Anregungen und Auskünfte erteilt und so zum Zustandekommen des Buches beigetragen haben.

ERSTER TEIL · LEBENSRÄUME

„WILDE GÄRTEN" UND HEILKRÄUTER

Minze, aus „Lust- und Arzeneygarten deß Königlichen Propheten Davids" von W. H. Freiherr von Hohberg (Regensburg 1675)

Auf unseren Wochenendfluchten aus den Städten begegnen uns zwischen den großen Monokulturen der Getreidefelder und Fichtenwälder immer noch bunte Streifen blühender Feldraine – die mit der Farbigkeit ihres vielfältigen Lebens wie eine Erinnerung an ein verlorenes Paradies unberührt blühender Natur anmuten.

Aber nachdem auch diese letzten Reste natürlichen Reichtums mit kostspieligen Mähmaschinen oder, viel ärger – mit Herbiziden, Pestiziden und Insektiziden dem Ehrgeiz technischer Perfektion geopfert werden, wird einer immer breiteren Öffentlichkeit bewußt, wie dringend nötig Refugien für die Erhaltung der natürlichen Vielfalt eines Lebens sind, das letzten Endes immer die Grundlage nicht nur unserer physischen Existenz, sondern auch Modell unserer wichtigsten archetypischen Vorstellungen und Sinnbilder gewesen ist und sein wird.

Der Garten – „yard" –, „umhegt" bisher als Schutz- und Schonraum für anspruchsvolle, aus günstigeren Klimazonen stammende Pflanzen vor der ungebrochenen Kraft ringsum eindringender „Unkräuter" einer bodenständigen Vegetation, wird plötzlich *auch* zu einer Chance für die Rettung eben dieser Vegetation vor der Vernichtung durch das immer weiter greifende, einseitig technische Denken und Agieren dieser Zeit; für die Wiederherstellung gestörter und zerstörter Lebenseinheiten, für die Verbreitung von Kenntnis, Erlebnis und bewußter Beachtung ökologischer Gesetzmäßigkeiten durch eine breitere Öffentlichkeit. Schon lange findet sich ja in größeren Gärten oder Parks mit alten Bäumen und Unterholz eine viel reichere Flora und Fauna als „auf dem Land", allerdings nur soweit, als nicht Illustrierte und Gartenfirmenkataloge auch hier modische Perfektion – den Gartenperfektionismus – verbreitet haben, mit Minikoniferen und Mini-„Swimmingpools" in einem vermeintlich „englischen" Rasen, der selbst auf den weit ausgedehnten Sport- und Spielflächen Englands ökologisch problematisch, für den kleinen Garten oder gar den Kleingarten sinnlos ist, es sei denn, daß er Gelegenheit gibt, Herbizide, Spritzmaschinen, Kunststoffvasen und Gartenzwerge zu verkaufen.

Gleichzeitig sind mit der immer weiter verbreiteten Furcht vor einer alles umfassenden Vergiftung durch Pflanzengifte, Blei und Kunstdünger die alten Heil- und Küchenkräuter wieder entdeckt und populär geworden wie kaum etwas anderes: man versucht, sich wenigstens in kleinsten persönlichen Bereichen vor den Gefahren einer allzu kommerziellen Versorgung freizumachen, ganz nach dem Wort Hermann Matterns: „Der Garten ist der Ort der Freiheit, an dem wenigstens an einer Stelle das System der ‚Händler', dem wir ausgeliefert sind, unwirksam gemacht werden kann." Und da nicht wenige der wiederentdeckten Heilkräuter „Wildpflanzen", also genau das sind, was bisher als Unkraut aller Art ausgerottet werden sollte, beginnt man allenthalben neu zu denken und zu werten. Und diese Umwertung bezieht sich natürlich nicht nur auf die Flora, sondern auch auf die Fauna, nicht nur „Unkraut", sondern auch „Ungeziefer" sieht man mit neuen Augen.

8

S. 7:
Unten: Straßenrand im nördlichen Waldviertel
Oben: Große Maschinen, um kleine Kräuter dem Perfektionismus des Straßenbaus zu opfern

S. 8:
Unten: Frühlingsblüte pannonischer Flora im nördlichen Burgenland
Oben: Zwergmandel – amygdalus nana – früher im Weinviertel und Burgenland beheimatet, inzwischen fast ausgerottet, vom Verfasser im nördlichen Burgenland wieder angesiedelt

S. 9:
Rechts: Waldlichtung im südlichen Waldviertel
Links: Waldanemone – anemona sylvestris – im Garten

S. 10:
Unten: „Wilder Garten" mit Glockenblumen, Königskerzen usw.
Oben: Frühlingsadonis, im pannonischen Klima heimisch

S. 11:
Unten: Fingerhüte in einem „wilden Garten"
Oben: campanula persicifolia im selben Garten

S. 12:
Links: Schwarzer Germer – veratrum nigrum – im Garten
Rechts: Diptam – dictamnus alba – in einem „wilden Garten" des nördlichen Burgenlandes

S. 13:
Links: Heckenrosen im Garten
Rechts: Eine hohe Baumpfingstrose vom Himalaya mit gelben, einfachen, nickenden Blüten im Garten (paeonia arborea lutea ludlova)

S. 14:
Tulipa sylvestris, nach Neilreich „Flora von Wien", 1846, im Raum von Schönbrunn heimisch, wieder angesiedelt im Garten des Verfassers in Wien-Hietzing

S. 15:
Ruderalflora an einem Straßenrand im nördlichen Burgenland

S. 16/17:
Natürlicher winterlicher Garten mit Samenständen

Gemeine Eselsdistel vor einem Gartentor im nördlichen Burgenland.

„Ein alter Garten ist immer beseelt. Der seelenloseste Garten braucht nur zu verwildern, um sich zu beseelen. Und doch sollte hier überall die Spur einer Hand sein, die zauberhaft das Eigenleben aller dieser stummen Geschöpfe hervorholt, reinigt, gleichsam badet und stark und leuchtend macht. Der Gärtner tut mit seinen Sträuchern und Stauden, was der Dichter mit den Worten tut: Er stellt sie so zusammen, daß sie zugleich auch wieder wie zum erstenmal ganz sich selbst bedeuten, sich auf sich selbst besinnen. Das Zusammenstellen oder Auseinanderstellen ist alles: Denn ein Strauch oder eine Staude ist für sich allein weder hoch noch niedrig, weder unedel noch edel, weder üppig noch schlank: Erst seine Nachbarschaft macht ihn dazu, erst die Mauer, an der er schattet, das Beet, aus dem er sich hebt, geben ihm Gestalt und Miene."
(Hugo von Hofmannsthal: „Gärten")

Damit beginnt man, das einige tausend Jahre alte Wort Dschuang Dsis: „Was wir die Welt nennen, ist die Einheit aller Geschöpfe" wieder zu verstehen und wird es beherzigen, befolgen müssen — nachdem wir die Erde, die wir uns „untertan" zu machen versucht haben, schon gründlich zerstört haben.

Die Wiederentdeckung der „Wildpflanzen" mit ihrer im Vergleich zu den dekorativen Gartenpflanzen vielfältigeren, differenzierteren, feingliedrigen Schönheit, ist nichts Neues, wie so bekannte Beispiele wie Dürers „Rasenstück", der „Feldblumenstrauß" oder der „Alpengarten" zeigen. Sie kann schon für unsere optische Kultur sehr viel bedeuten — angesichts der fortschreitenden Vergröberung und Degeneration alles Optischen durch die Überflutung unserer großstädtischen Welt mit riesigen Plakaten, Massenillustrierten, Fernsehen usw.

Welcher Informationsmangel hier trotz allem entstanden ist und geduldet wird, zeigt die Tatsache, daß nicht nur städtische, sondern auch Landjugend vielfach weder die Getreidesorten noch die verschiedenen Bäume voneinander unterscheiden kann.

Besonders wichtig dürfte der Hinweis der Ökologen auf die Notwendigkeit „biogenetischer Reservate" sein, die für die Weiterzüchtung von Nutzpflanzen ebenso nötig sein werden wie für die Erhaltung einer einigermaßen artenreichen Fauna, kurz für die Erhaltung intakter Ökosysteme — darauf wurde 1980 in einem Symposion im rheinischen Freilichtmuseum Kommern aufmerksam gemacht. Überraschend schön können „wilde Gärten" im Winter sein. Mit Recht wird empfohlen, Blütenstauden im Herbst nicht abzuschneiden, damit die Vögel an den Samenständen Nahrung finden. Man wird dann auch das graphisch reizvolle Bild trockener Gräser und Stauden und ihrer Schatten auf dem Schnee entdecken, die kleinmaßstäbliche Ergänzung des so charakteristischen Linienspiels entlaubter Bäume. Durch Beschäftigung mit bodenständiger Vegetation wird man vielleicht auch Verständnis für die botanischen Formen überhaupt gewinnen, zum Beispiel für die vielen einfachen, kleinblütigeren Pfingstrosen vom Himalaya, Kaukasus oder Balkan, oder für die einfachen Strauch- und Wildrosen, die die englischen Gärten schon lange charakterisieren.

Darüber hinaus können und sollten im Garten auch gefährdete oder ausgerottete Pflanzen wieder angesiedelt werden — das ist bei entsprechend sorgfältiger Beachtung der Standortbedingungen, von Boden und Klima, leicht möglich So breitet sich zum Beispiel die auf Grund von Hinweisen in August Neilreichs „Flora von Wien" 1846, im Garten des Verfassers in Wien angesiedelte graziöse, tulipa silvestris aus, im Burgenland die dort so gut wie ausgerottete Zwergmandel neben iris pumila, verbascum phoenizicum, adonis vernalis usw., während sich an beiden Stellen datura stramonium von selbst angesiedelt hat. Ruderalflora zeigt mit ihrer bizarren Schönheit am besten, unter wie äußerst bescheidenen Bedingungen Pflanzen üppig gedeihen, wenn es nur die richtigen Bedingungen sind. Daß dazu die Abwesenheit von Kunstdünger und Giften aller Art gehört, braucht heute nicht mehr betont zu werden.

Wenn in breiteren Kreisen besser als bisher erkannt würde, was Standortbedingungen für die Pflanzen, und was diese für das Bild der Landschaft bedeuten, dann würde man die ländlichen Ortsbilder gelegentlich ihrer in letzter Zeit wieder grassierenden „Verschönerung" vielleicht nicht mehr durch eine Allerweltsflora aus dem Gartenkatalog mit seinen Angeboten aller denkbaren Entartungen verkitschen und nivellieren, ihres typischen örtlichen Charakters berauben, und damit aus der Landschaft herauslösen, — wie das geschieht, wenn zum Beispiel im pannonischen Klima burgenländischer Orte die dort seit jeher charakteristischen Nußbäume und Robinien der Fremdherrschaft von Birken, Bluthaseln und Forsythien geopfert werden.

Trotzdem wird das im Protest gegen den Gartenperfektionismus entstandene Schlagwort „Alles wild wachsen lassen" nicht genügen, und umso weniger, je kleiner einerseits der zur Verfügung stehende Raum, und je bestimmter andererseits die Wünsche und Vorstellungen derer sind, die einen Garten angelegt haben. Dieses Schlagwort vernachlässigt nämlich die Persönlichkeit der Gärtnerin oder des Gärtners und die außerordentlich verschiedenen Vorlieben und Motive, die sie zum Gärtner haben werden lassen. Daran ändert auch die bedauerliche Tatsache nichts, daß die kommerziell gesteuerte Gartenmode das auch nicht berücksichtigt hat, sie zeigt nur, wie viel auch für den Garten und für den Gärtner Prestige bedeuten kann.

Wenn aber heute Städter aus den eingangs erörterten Gründen in ihren Blumenkästen auf Balkonen und Terrassen wieder Heil- und Küchenkräuter zu ziehen beginnen, dann führen sie nur eine allerälteste Kulturtradition fort. Ihr vielleicht großartigster Zeuge, das 512 n. Chr. erschienene byzanthinische Bildherbar der pharmakologischen Sammlung des Arztes Dioskurides – dessen Pflanzenbilder aus dem 6. Jahrhundert stammen und arabisch, jüdisch, griechisch und lateinisch beschriftet sind, war etwa tausend Jahre im Gebrauch der Ärzte und liegt als „Wiener Dioskurides" in der Wiener Nationalbibliothek bzw. als Faksimile vor. Gewürze, Öle, Salben, Bäume, Tiere und Tierprodukte, Getreide und Gartenkräuter, Heilkräuter und Wurzeln, Getränke und Mineralien werden dort vornehmlich im Hinblick auf medizinische Verwendung und Wirkung abgebildet und behandelt – im Geiste einer ganzheitlich denkenden Zeit, die jede Krankheit und ihre Behandlung immer als körperlich-seelische Einheit aufgefaßt hat, wo Botanik, Medizin und Metaphysik noch eine Einheit gebildet und Signaturlehre und volksmagische Auffassungen ihre Rolle gespielt haben. Dieses mehr analogistische als kausale Denken findet seine überraschenden Entsprechungen in chinesischer Denkweise.

Aber auch in späteren Werken wie der „Agrippa ab Nettersheym", 1533, und des Freiherrn von Hohberg, 1675, waren Pflanzen vor allem hinsichtlich ihrer medizinischen Wirkung dargestellt und beschrieben.

Alle diese Traditionen sind während des Mittelalters in den Klöstern gepflegt und weitergegeben worden gemäß dem Bibelwort „Der Herr läßt die Kräuter aus der Erde wachsen und ein Vernünftiger verachtet sie nicht". Man hat den vielfach mediterranen Heil-, aber auch Symbolpflanzen – wie den Lilien und Rosen – in den Klosterhöfen und Hausgärten möglichst günstige, windgeschützte Standorte zu geben versucht. Mit der Weiterführung dieser Traditionen erhalten wir nicht nur eine wichtige Grundlage unserer Gartenkultur, sondern leisten auch einen Beitrag zur Gesundheit, der besonders in letzter Zeit wieder von neuem Vertrauen und überraschende Popularität gewonnen hat.

Das ostasiatische Gegenstück der Alraune ist die Ginseng-Wurzel, die Vitamine, ätherische Öle und Glykoside als Wirkstoffe enthält. Aus einem chinesischen Nachschlagewerk über Heilpflanzen, „Pen Tsao Kang Mu" (1597).

Die Heilkunst, die aus den alten Herbarien kommt, trägt häufig deutlich volksmagische Züge, wenn auch empirisch erworbene echte Kenntnisse sicherlich vorwiegen. Nicht selten vereinigen sich irrationale Ansichten aus dem Volksglauben mit medizinisch nachweisbaren Wirkungen von Alkaloiden. Dies ist auch in der „primitiven Medizin" exotischer Völker nicht selten der Fall – häufig sind dort Kräuterextrakte zu beobachten, die in irgendeiner Form schwach narkotisch oder auf andere Weise nachweisbar als Drogen wirken, aber ihr echter therapeutischer Wert läßt sich allein daraus nicht erklären: auch die psychologische Wirkung der Heilzeremonie muß dazukommen, wenn sich aus der Kombination medikamentöser und suggestiver Einflußnahme ein Effekt ergeben soll. Der Glaube an die Wirksamkeit bestimmter Drogen hat sich in der modernen Medizin durch „Placebo"-Versuche häufig als sehr mächtig erwiesen. Gerhard Venzmer hat einmal darauf hingewiesen, „daß es nur verhältnismäßig wenige Krankheiten gibt, bei denen sich der reine Arzneimitteleffekt – losgelöst von jeglicher ‚irrationaler Komponente' – objektivieren läßt"...
(„Eingebildete Heilmittelwirkungen. Der Zauber der Arznei". KOSMOS 6/2957).

Zwei Alraunpflanzen aus dem um 700 n. Chr. entstandenen „Codex neapolitanus", Supplem. gr. 26 der Bibliotheca Nazionale in Neapel. Ähnlich dürften die Alraunenbilder des „Wiener Dioskurides" ausgesehen haben.

Färber – Ochsenzunge (Anchusa tinctoria). Aus: Dioscurides (Codex Vindobonensis Med. gr. 1), Fol. 70v, Graz 1965–1970.

Der Name der Pflanze: Cardus silvaticus. Andere sagen Camereon. Sie wächst auf Wiesen und Straßenrändern.
1. Bei Magenschwäche. Verabreiche das grüne Innere des obersten Kopfes der Pflanze Cardus silvaticus mit Oxygarum (dem Patienten) zum Einnehmen. Übersetzung aus: Hans Zotter, Antike Medizin, Graz 1980.

HÖFE, ATRIEN UND DACHGÄRTEN

Kleiner Hof mit Sitzbank und Brunnen in Sarajewo

S. 23: Hof in Anatolien
S. 24: Flugbild auf Isfahan mit Hofhäusern
S. 25: Hof in Semnan, Iran

Unter dem Eindruck städtischer Außenbezirke mit „offener Bebauung" aus „mitten im Garten" stehenden Einfamilienhäusern ist uns nicht mehr bewußt, daß diese Bauweise erst vor etwa 100 Jahren in den kontinentaleuropäischen Städten eingeführt worden ist, als immer weiter verkleinertes Abbild von alten Herrschaftssitzen in freier Landschaft oder der „Villa der oberen Zehntausend" – während vorher Stadthäuser immer aneinandergebaut und durch Höfe erweitert waren oder sie umschlossen haben – Höfe, die als Wohn- und Wirtschaftsräume unter freiem Himmel, als gebaute Lebensräume aufgefaßt und gestaltet waren.

Ebenso vergessen wir angesichts der kleinen Rasenflächen und Blumenrabatten auf den anders kaum nutzbaren Vorgärten und Seitenabständen zu leicht, daß der Hof immer größtenteils gepflastert und oft mit Topf- und Kübelpflanzen möbliert war, die im Winter in geschützte Räume gebracht werden können. Außer den traditionellen mediterranen Oleander-, Lorbeer-, Orangen-, Feigen- oder Granatapfelbäumchen können wir solcherart auch Akazien oder südamerikanische Datura-Arten haben, die einen kleinen Hof abends ganz mit ihrem Duft erfüllen können, und vieles andere. Durch das Blätterdach eines Baumes oder die Schlingpflanzen an einer Pergola gegen Sonne und Regen geschützt, waren Höfe immer ganz darauf eingerichtet, auf kleinstem Raum ein Maximum an Wohn- und Erholungsmöglichkeit von einer Annehmlichkeit zu bieten, die gebaute Räume nicht geben können.

Über die Bedeutung solchen Privatraumes sagt Mitscherlich: „Die Abschirmung nach außen läßt die kleine soziale Umwelt in ihrer Einheit und Eigenart im Unterschied zur Außenwelt bewußt werden und ermöglicht, daß ihre latente Eigengesetzlichkeit zum Zuge kommt. Bewußter Ausbau und Kultivierung der engsten sozialen und dinglichen Umwelt zu einem in sich geschlossenen System eigener Art: das sind die positiven Bestimmungen der Privatheit... Wo sich eine private Sphäre entfaltet, gewinnt das Leben vor allem an seelischer Differenziertheit."

Heute bedeutet die kleine, für den Hof zugeschnittene Parzelle die Möglichkeit, den so verbreiteten Wunsch nach dem Einfamilienhaus auf kleinstem Raum, also bei größter städtebaulicher Dichte zu erfüllen und diese „Wunschwohnform" damit möglichst vielen Städtern erreichbar zu machen. Dazu kommt, daß man heute im allgemeinen ja wenig Zeit hat oder zu haben glaubt, einen größeren Garten zu pflegen. Sorgfältige und liebevolle Pflege ist aber die Voraussetzung echter Gartenkultur und die Rechtfertigung für die Inanspruchnahme kostbaren Raumes. In der Gartenstadt Puchenau bei Linz haben sich z. B. auch nur rund 100 m² große Parzellen für zweigeschoßige Einfamilienreihenhäuser mit rund 100 m² Wohnfläche durchaus bewährt: ein etwa 50 m² großer Hof, zum Teil überdeckt und durch Mauern geschützt, kann als Wohn-, Eß- und Wirtschaftsraum und als Spielplatz für kleine Kinder also genügen. Auch in den Entwürfen Heinrich Tessenows für einfache Siedlungshäuser mit Kleintierhaltung findet man

Geistermauer in einem türkischen Hof in Stolac, Herzegowina

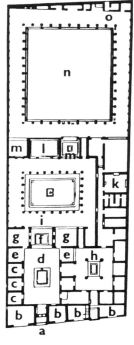

Haus des Fauns
a Eingang
b Tabernae
c Cubicula
d Toskanisches Atrium
e Alae
f Tablinum
g Winter- und Sommer-Triclinium

Antikes römisches Hofhaus

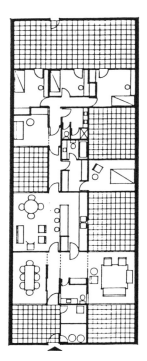

Studie Chermaïeffs für ein modernes, von Innenhöfen durchsetztes Haus

Hof in Peking

26

Vorschläge für kleine Höfe, die an die Tradition alter kleinstädtischer Bebauung anknüpfen.

In den alten Kulturen waren Größe, Anzahl und Gestaltung der Höfe auch Spiegelbild und Zeichen der gesellschaftlichen Stellung der Besitzer, die z. B. im alten Rom durch mehrere Atrien und die Größe des Peristyls, in Persien durch Größe und Architektur der Höfe, in China durch ihre oft große Anzahl und gärtnerische Gestaltung zum Ausdruck kommen konnten.

Um die Privatheit ganz besonders zu sichern und zu betonen, sind die Eingänge in die Höfe nicht nur in China und im Iran, sondern auch im Bereiche türkischer Wohnkultur am Balkan durch eine quergestellte „Geistermauer" geschützt gewesen, die jeden Einblick in den Hof von der Straße aus verhindert. Die Überschreitung dieser Sperre ohne ausdrückliche Erlaubnis wird als grobe Taktlosigkeit, als Einbruch in die Privatsphäre gewertet.

Aber erst wenn man dieses System mit dem „offener" Bebauung auch hinsichtlich der öffentlichen Räume, der Gassen und Plätze vergleicht, zeigt sich der fundamentale Unterschied:

In einem Fall ist das Haus und die zugehörige Freifläche allen Einflüssen von außen ausgesetzt – aus den Fenstern und Gärten, von den Straßen und Bürgersteigen sieht man in die anderen Fenster und Gärten vor, neben und hinter den Häusern. Der Privatbereich außer dem Hause ist allen Störungen ausgesetzt. Während Privatheit hier weder verwirklicht noch angedeutet erscheint, wird gleichzeitig eine fast ängstliche Isolierung von den Nachbarn durch beiderseitige Seitenabstände zum Ausdruck gebracht – weder Privatsphäre noch Nachbarschaft, aber auch keine Öffentlichkeit, da auch die Straße keinen ablesbaren Bereich eigener Prägung, keinen „Raum" bildet.

Im anderen Falle wenden sich alle Räume des Hauses einander und einem gemeinsamen, inneren, ungestörten Freiraum zu, jedoch mit fensterlosen Mauern von außen ab. Gibt es ein verständlicheres Symbol des Privaten?

Trotz dieses betonten Schutzes der Privatsphäre ist aber durch das unmittelbare Aneinanderstoßen der Häuser, das Nebeneinander der Türen Nachbarschaft fühlbar gemacht, und die Straße wird als umbauter, windgeschützter, nach eigenen

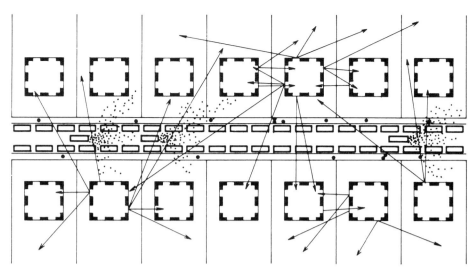

Einzelhäuser in offener Bauweise: „Das Haus im Garten". Gegenseitige Einblicke von Straßen und Fenstern in Fenster, Vorgärten, Seitenabstände und rückwärtige Gärten. Störung aller Außenräume durch Lärm und Abgase der Autos. Weder Privatsphäre noch öffentliche Sphäre!

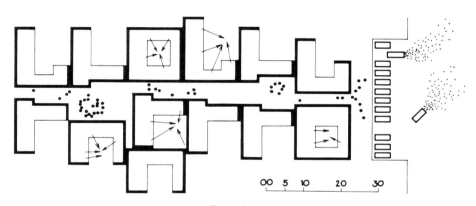

Aneinandergebaute Hofhäuser: „Der Garten im Haus". Keine gegenseitigen Einblicke von einer Privatsphäre in die andere – jeder Garten nur vom eigenen Haus einsehbar, keine Störung der Häuser, Höfe und Gärten durch Verkehr, Lärm und Abgase.
Vollkommen geschütze Privatsphäre, klar gestaltete öffentliche Sphäre!

Ausschnitt aus dem Bebauungsplan von Puchenau II zur Verdeutlichung des Schemas „Aneinandergebaute Hofhäuser"

Oben: Wohnhof in der Gartenstadt Puchenau
Unten: Kleiner, zum Teil überdeckter Wohnhof in Wien-Hietzing

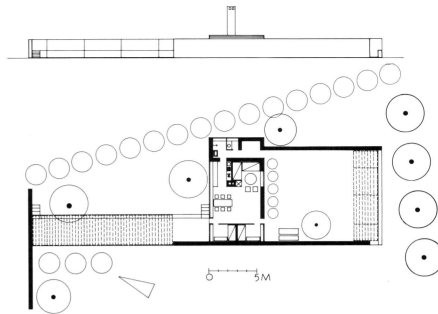

Wohnhof eines Ferienhauses in St. Margarethen, Burgenland

Gesetzen gestalteter Raum zum Sinnbild der Öffentlichkeit.

In jeder Hinsicht ungestörter Privatraum, Nachbarschaft, klar geformter öffentlicher Raum auf der einen Seite – keine Privatsphäre, keine fühlbare Nachbarschaft, keine Raumbildung – weder im privaten noch im öffentlichen Bereich – und damit „Unwirtlichkeit" auf der anderen Seite.

Hof- und Gartenmauern bilden RAUM – nicht nur nach innen, sondern ebenso nach außen.

„Trotzdem kann nirgendwo sonst eine Hilfe gegen die wachsende Unwirtlichkeit unserer Städte gesucht werden als darin, daß Architekten, die Städtebau treiben, sich mit „Raum" auseinandersetzen und mit anderen Wissenschaften vom Menschen gemeinsam den Gegenstand, den sie zu planen gedenken, nämlich den Stadtraum, mit den Bedürfnissen dessen, für den sie planen, mit den Bedürfnissen des Menschen, exakter verknüpfen." (Mitscherlich)

Als Pendant zu den geschlossenen Privaträumen der Höfe entstehen klar begrenzte, windgeschützte öffentliche Räume, die sehr differenziert sein können, über deren ruhigen Wänden die Vegetation in den Gassen, Höfen und Gärten umso besser zur Geltung kommt – wie ja überhaupt vor Mauern und Wänden die Linien der Pflanzen am klarsten zur Wirkung kommen. Das weiß man am besten in China, wo man unter anderem winzig kleine Höfe gebaut hat, um so das immer bewegte Schattenspiel des Bambus auf weißem Hintergrund zu genießen.

Gartenmauer mit Glyzinie in der Wiener Werkbundsiedlung

Oben: Wohnweg in der Gartenstadt Puchenau
Unten: Wohngasse in Mykonos

Mauern als Hintergrund für das Linienspiel der Pflanzen: Eingangshof des „Hauses des Meisters der Netze" in Soutchou, China

Rechts: Treppenweg in Granada, Generalife
Unten: Mauer mit Glyzinien in Granada, Generalife

Oben: Atrium im Orf-Zentrum Wien, im Winter
Unten: Atrium im Haus Dr. B., Wien-Hietzing

Im Gegensatz zum Hof bedarf das Atrium seiner Natur nach weniger der Mauern, als der Fenster und Glaswände: wie sein Urbild, jener Hauptraum des römischen Hauses, der durch eine Öffnung im Dach Licht, aber auch Regen erhält, der im darunterliegenden Impluvium aufgefangen wird, ist es seiner Natur nach Mittelpunkt eines oder mehrerer Innenräume. Seine Wirkung beruht daher auf dem Kontrast zwischen der Vegetation unter freiem Himmel und den bewohnten Räumen ringsum, ein Kontrast, der besonders überraschend im Winter zum Ausdruck kommen kann, wenn plötzlich verschneite Pflanzen mitten im Hause stehen.

Höfe und Atrien, die ja nicht an gewachsenen Boden gebunden, sondern in jeder oberen Ebene in den Stockwerken ebenso möglich sind, könnten künftig immer häufiger Elemente einer dichter werdenden Bebauung bilden. Die Durchsetzung von Gebäuden mit bepflanzten Freiräumen ist seit langem ein Lieblingsgedanke bedeutender Architekten, wie von Le Corbusier oder Josef Hoffmann.

Ob Wohnungen durch Höfe, Atrien, Terrassen oder Dachgärten ergänzt, ins Freie hinaus erweitert werden: ihre unmittelbare Verbindung mit den Wohnräumen, ihre leichte Erreichbarkeit, die Orientierung zur Sonne, der Schutz gegen Einblick, Wind, Lärm, Abgase, Unruhe – diese Eigenschaften sind letzten Endes wichtiger, als Größe und Lage. Bahrdt hat mit Recht darauf hingewiesen, daß die Nutzbarkeit der Freiräume viel mehr von ihrem Schutz, als von ihrer Größe abhängt.

Den durch Bebauung verlorengegangenen Boden als Garten am Dach wiederzugewinnen, das ist bekanntlich eine der wichtigsten, schon 1925 publizierten Forderungen Le Corbusiers, der damit nichts Neues erfunden hatte. Abgesehen von den bekannten hängenden Gärten des Altertums hat man sich zum Beispiel in mediterranen Städten immer bemüht, in den Dachzonen kleine Gärtchen einzurichten. M. L. Gothein zeigt in ihrer „Geschichte der Gartenkunst" die Zeichnungen eines Renaissancedachgartens in Florenz.

Aber in Le Corbusiers Entwürfen, die natürlich auch das Schwimmbad am Dach schon kennen, kommt schon deutlich zum Ausdruck, daß solche Gärten in der Regel kleingliedrig sein und auch

1,5 x 1,8 m großes Atrium in Wien-Hietzing

Renaissancedachgarten in Florenz

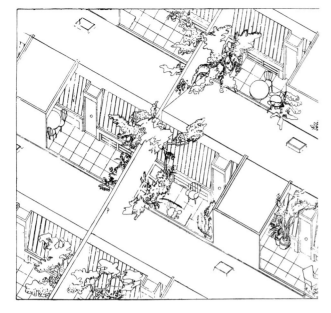

Plan für ein Studentenquartier, Le Corbusier 1925

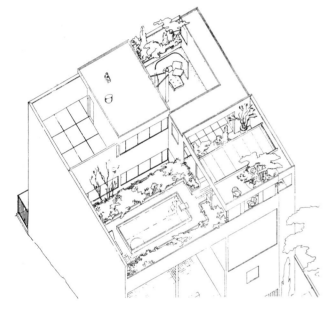

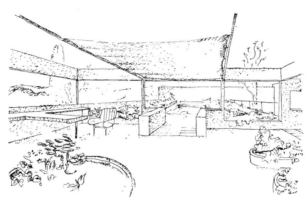
Haus Meyer, Paris, Dachgarten, Le Corbusier 1925

„Villenblock", Le Corbusier 1922

wegen des auf den Dächern besonders nötigen Windschutzes von Wänden oder Mauern umgeben sein sollten, daß der geeignete Typus also in der Regel ein „Dach-Hof" sein wird. Von Mauern umgebene, gepflasterte Flächen, auf denen in Kübeln oder Trögen gegen Sonne und Wind widerstandsfähige Pflanzen angesiedelt werden, ist die älteste, verbreitetste und wirtschaftlichste Lösung. Seither ist auch die durchgehende Begrünung großer Dachflächen auf verhältnismäßig dünnen Humusschichten, unter Umständen mit eingebauten Bewässerungsanlagen, eine vielpraktizierte Technik geworden. Zusammen mit Pflanztrögen an den Rändern, die u. a. auch tiefer liegenden Terrassen Sichtschutz bieten, kann sich solcherart die Silhouette von Bauten und Stadtteilen völlig ändern, so, daß etwa Terrassenwohnhäuser wie künstliche, von Pflanzen überwucherte Gebirge erscheinen.

Das hat Le Corbusier vermieden, der die Klarheit der gebauten Form stets erhalten hat und die Freiräume am Dach nicht nur durch niedrige Mauern, sondern auch durch horizontale Balken in Gesimshöhe klar und deutlich begrenzt.

Man sollte den „Dachgarten" mehr als bisher als eine der Möglichkeiten nutzen, einen Baublock mit bewohnbaren Freiräumen zu durchsetzen, wie das Le Corbusier in seinem „Villenblock" 1922 gezeigt hat, ebenso wie etwas später Josef Hoffmann – exemplarische Beispiele der Weiterentwicklung und Auflockerung des „Baukörpers", der bei Le Corbusier und Hoffmann trotzdem seine klare geometrische Form bewahrt hat, eine Entwicklung, die bedauerlicherweise in den seither verflossenen sechs Jahrzehnten nur sehr wenig Früchte getragen hat. Wie in sehr vielen anderen Fällen, fällt es auch hier nicht an Ideen und Projekten, wohl aber an ihrer allgemeinen Verwirklichung.

S. 37:
Links: Dachgarten des Malers Hundertwasser in Venedig
Mitte: Dachterrasse am Verwaltungsgebäude der Firma Böhler in Wien
Rechts: Dachgarten des Architekten Egon Fridinger, Wien, 1930 und 1980

KULTURLANDSCHAFT

Architekten, die sich von den bekannten geringfügigen Flächenersparnissen, die durch Hochhäuser und Dachgärten in der Stadt erzielt werden können, die Erhaltung von mehr „Natur" außerhalb der Stadt erhofft haben, sind nicht nur durch den Landbedarf für die Zweitwohnung der Hochhausbewohner widerlegt worden, sondern vor allem demselben Irrtum unterlegen wie die Gärtner, die im 17. und 18. Jahrhundert in England und auf dem Kontinent „Landschaftparks" angelegt haben, um „Natur", die „Schönheit natürlicher Landschaft" zu schaffen: Sie haben Natur mit Landschaft gleichgesetzt, verwechselt.

In Wirklichkeit ist nirgends „Natur" geblieben, wo Bauern ihre Felder bestellen, Wiesen und Almen beweiden lassen, wo Bäume gepflanzt und gefällt, Wein- und Obstgärten oder Windschutzpflanzungen angelegt oder Forstwirtschaft betrieben worden ist. Sie ist durch all das verändert, im günstigen Fall gepflegt, fruchtbar gemacht, kultiviert, ist „Kulturlandschaft" geworden. Insofern gibt es zwischen dem Acker des Bauern, dem Gemüsegarten der Bäuerin und allen anderen Arten von Gärten wohl Gradunterschiede der Intensität und Art der Kultur, aber keinen Wesensunterschied: Günstige Lebensbedingungen für gesunde, ertragreiche Vegetation — nicht zuletzt Bodenfruchtbarkeit — können auf die Dauer nur durch sehr verantwortungsbewußte und sachkundige Arbeit auf sehr lange Sicht geschaffen werden, wobei gründliche Kenntnis der an verschiedenen Orten sehr verschiedenen, vielfältigen, weitreichenden, schwer durchschaubaren ökologischen Zusammenhänge und Auswirkungen, die nur durch generationenlange örtliche Erfahrung und Überlieferung gewonnen werden kann.

Zusammen mit den nicht allzu großen technischen Eingriffsmöglichkeiten der vorindustriellen Zeit, d. h. durch die erzwungene Beschränkung auf das unbedingt Nötige und Wesentliche, hat daher Bauernkultur, Bauernweisheit jene ökologisch gesunden Kulturlandschaften geschaffen, deren Formenreichtum und Ausgeglichenheit immer wieder als ihre scheinbar „natürliche" Schönheit bewundert worden ist.

Hinter den Holzzäunen der Bauerngärten finden wir darüber hinaus die Zeugen ältester Traditionen abendländischer Kultur und Gartenkultur, wenn neben Gemüse, Küchen- und Heilkräutern noch die aus dem Orient überlieferten Gartenpflanzen wie Kaiserkronen, Bauernpfingstrosen, Tulpen und Narzissen und nicht zuletzt so elementare Symbole wie weiße Madonnenlilien und rote Rosen bis heute ihren Ehrenplatz behalten haben.

„Für uns Bewohner der gemäßigten Zonen rund um den Erdball ist seit Menschengedenken Landschaft identisch mit Arbeitslandschaft, mit Kulturlandschaft, mit bebauter Landschaft. Landschaft ist also geformte, geschaffene, profilierte Erdoberfläche, wobei das Schaffen im Sinne des Schöpferischen verstanden werden will. Doch ist auch Landschaft, wo allein der ‚göttliche Schöpfungsgedanke' oder die Bildekräfte der Natur bisher gewaltet haben. Wir nennen sie Urlandschaften." (Mattern)

Landarbeit, chinesischer Scherenschnitt

40

S. 39:
Windschutzpflanzen in der Ebene des Wiener Beckens
S. 40:
Weinberge der Wachau
S. 41:
Pitztal, Osttirol
S. 42:
Unten: Bäuerlicher Obstgarten im Waldviertel
Oben: Bach in der Wiese
S. 43:
Rechts: Bauerngarten
Links: Kaiserkronen in einem Bauerngarten
S. 44:
Links: Die klassischen Symbole: Madonnenlilien und Rosen in einem Bauerngarten
Rechts: Hochstammrosen mit spiegelnden Glaskugeln, ein charakteristisches Element alter Bürger- und Bauerngärten
S. 50:
Links: Wetterfichte auf einer Kärntner Alm
Rechts: Reste einer Eiche in einem Jagdpark in Schützen, Burgenland
S. 51:
Von Bäumen beschützte Heiligtümer
S. 54:
Salomon Kleiner: Aus dem Garten von Schloß Belvedere, Wien
Salomon Kleiner: Aus dem Garten von Schloß Belvedere, Wien
Salomon Kleiner: Aus dem Garten der Favorita Mainz
S. 55:
Zypresse als Wegweiser zu einem kleinen dalmatinischen Friedhof
S. 56:
Bonsais im „Garten des Verweilens", Soutchou, China
S. 57:
Alte Ölbäume in Delphi
S. 58:
Unten: Von Erdwällen, Bäumen und Hecken geschütztes Bauernhaus am Wattenmeer auf Sylt
Oben: Bäume als Windschutz in der Normandie

Seit großstädtisches Denken über Massenmedien, Schulen und Verwaltung auch den letzten Bergbauernhof erfaßt hat, ist die Landschaft der bekannten Denk- und Arbeitsweise von „Wirtschaft und Technik" und damit von örtlicher Verantwortung weitgehend losgelöst, kurzfristigem Ertagsdenken ohne Kenntnis ökologischer Zusammenhänge – und damit der Ausbeutung und kurz- oder langfristigen Zerstörung ausgeliefert, wie die Verwendung der Gebirgslandschaft als Turngerät für den Fremdenverkehr durch Pisten, Lifte, Autostraßen und Großhotels, aber auch die rational völlig unbegründbaren, rein technischen Eingriffe in den Wasserhaushalt durch Einrohren der Bäche und Flüsse zeigen, ebenso wie rücksichtsloser Straßenkult und nicht zuletzt die Zerstörung ökologischer Zusammenhänge durch chemische Eingriffe in das Leben im und über dem Boden.

Die Bedeutung dieser Entwicklung geht über die materiellen Auswirkungen weit hinaus, obgleich auch diese das Weiterleben der Landschaft bedrohen. Aber Landschaft ist viel mehr als nur materielle Existenzgrundlage. Ihr bestimmter Charakter, ihre Erscheinung sind unlösbare Bestandteile der Identität, des Selbstverständnisses der Bewohner, nämlich ihre „Heimat", die eigene, persönliche Ausprägung vom „Bild der Welt". Es geht also, was für „Kultur" charakteristisch ist, um entscheidende ideelle Fragen. Das kann kaum bewegender zum Ausdruck gebracht werden, als es der Indianerhäuptling Seattle im Jahre 1855 dem 14. Präsidenten der Vereinigten Staaten, Franklin Pierce, gegenüber in einer Rede getan hat, in der er u. a. sagte:

Meine Worte sind wie die Sterne, sie gehen nicht unter. Jeder Teil dieser Erde ist meinem Volk heilig, jede glitzernde Tannennadel, jeder sandige Strand, jeder Nebel in den dunklen Wäldern, jede Lichtung, jedes summende Insekt ist heilig in den Gedanken und Erfahrungen meines Volkes. Der Saft, der in den Bäumen steigt, trägt die Erinnerung des roten Mannes.

Die Toten der Weißen vergessen das Land ihrer Geburt, wenn sie fortgehen, um unter den Sternen zu wandeln.

Unsere Toten vergessen diese wunderbare Erde nie, denn sie ist des roten Mannes Mutter. Wir sind ein Teil der Erde, und sie ist ein Teil von uns. Die duftenden Blumen sind unsere Schwestern, die Rehe, das Pferd, der große Adler – sind unsere Brüder.

Die felsigen Höhen, die saftigen Wiesen, die Körperwärme des Ponys – und des Menschen – sie alle gehören zur gleichen Familie. Wenn also der große Häuptling in Washington uns Nachricht sendet, daß er unser Land zu kaufen gedenkt – so verlangt er viel von uns.

Der große Häuptling teilt uns mit, daß er uns einen Platz gibt, wo wir angenehm und für uns leben können. Er wird unser Vater und wir werden seine Kinder sein. Aber kann das jemals sein? Gott liebt Euer Volk und hat seine roten Kinder verlassen. Er schickt Maschinen, um dem weißen Mann bei seiner Arbeit zu helfen, und baut große Dörfer für ihn. Er macht Euer Volk stärker, Tag für Tag. Bald werdet Ihr das Land überfluten wie Flüsse, die die Schluchten hinabstürzen nach einem unerwarteten Regen.

Glänzendes Wasser, das sich in Bächen und Flüssen bewegt, ist nicht nur Wasser – sondern das Blut unserer Vorfahren. Wenn wir Euch das Land verkaufen, müßt Ihr wissen, daß es heilig ist, und Eure Kinder lehren, daß es heilig ist und daß jede flüchtige Spiegelung im klaren Wasser der Seen von Ereignissen und Überlieferungen aus dem Leben meines Volkes erzählt.

Das Murmeln des Wassers ist die Stimme meiner Vorväter. Die Flüsse sind unsere Brüder – sie stillen unseren Durst. Die Flüsse tragen unsere Kanus und nähren unsere Kinder.

Wenn wir unser Land verkaufen, so müßt Ihr Euch daran erinnern und Eure Kinder lehren: Die Flüsse sind unsere Brüder – und Eure –, und Ihr müßt von nun an den Flüssen Eure Güte geben, so wie jedem anderen Bruder auch. Der rote Mann zog sich immer zurück vor dem eindringenden weißen Mann – so wie der Frühnebel in den Bergen vor der Morgensonne weicht. Aber die Asche unserer Väter ist heilig, ihre Gräber sind geweihter Boden, und so sind diese Hügel, diese Bäume, dieser Teil der Erde uns geweiht. Wir wissen, daß der weiße Mann unsere Art nicht versteht. Ein Teil des Landes ist ihm gleich jedem anderen, denn er ist ein Fremder, der kommt in der Nacht und nimmt von der Erde, was immer er braucht. Die Erde ist sein Bruder nicht, sondern Feind, und wenn er sie erobert hat, schreitet er weiter. Er läßt die Gräber seiner Väter zurück – und kümmert sich nicht. Er stiehlt die Erde von seinen Kindern – und kümmert sich nicht. Ich weiß nicht – unsere Art ist anders als die Eure. Der Anblick Eurer Städte schmerzt die Augen des roten Mannes. Vielleicht, weil der rote Mann ein Wilder ist und nicht versteht.

Es gibt keine Stille in den Städten der Weißen. Keinen Ort, um das Entfalten der Blätter im Frühling zu hören oder das Summen der Insekten. Aber vielleicht nur deshalb, weil ich ein Wilder bin und nicht verstehe. Das Geklappere scheint unsere Ohren nur zu beleidigen. Was gibt es schon im Leben, wenn man nicht den einsamen Schrei des Ziegenmelkervogels hören kann oder das Gestreite der Frösche am Teich bei Nacht? Ich bin ein roter Mann und verstehe das nicht. Der Indianer mag das sanfte Geräusch des Windes, der über eine Teichfläche streicht – und den Geruch des Windes, gereinigt vom Mittagsregen oder schwer vom Duft der Kiefern. Die Luft ist kostbar für den roten Mann – denn alle Dinge teilen denselben Atem – das Tier, der Baum, der Mensch – sie alle teilen denselben Atem. Der weiße Mann scheint die Luft, die er atmet, nicht zu bemerken; wie ein Mann, der seit vielen Tagen stirbt, ist er abgestumpft gegen den Gestank. Aber wenn wir Euch unser Land verkaufen, dürft Ihr nicht vergessen, daß die Luft uns kostbar ist – daß die Luft ihren Geist teilt mit all dem Leben, das sie enthält. Der Wind gab unseren Vätern den ersten Atem und empfängt ihren letzten. Und der Wind muß auch unseren Kindern den Lebensgeist geben. Und wenn wir Euch unser Land verkaufen, so müßt Ihr es als ein besonderes und geweihtes schätzen, als einen Ort, wo auch der weiße Mann spürt, daß der Wind süß duftet von den Wiesenblumen.

Ich bin ein Wilder und verstehe es nicht anders. Ich habe tausend verrottende Büffel gesehen, vom weißen Mann zurückgelassen – erschossen aus einem vorüberfahrenden Zug. Ich bin ein Wilder und kann nicht verstehen, wie das qualmende Eisenpferd wichtiger sein soll als der Büffel, den wir nur töten, um am Leben zu bleiben. Was ist der Mensch ohne die Tiere? Wären alle Tiere fort, so stürbe der Mensch an großer Einsamkeit des Geistes. Was immer den Tieren geschieht – geschieht bald auch den Menschen. Alle Dinge sind miteinander verbunden.

Was die Erde befällt, befällt auch die Söhne der Erde.

Ihr müßt Eure Kinder lehren, daß der Boden unter ihren Füßen die Asche unserer Großväter ist. Damit sie das Land achten, erzählt ihnen, daß die Erde erfüllt ist von den Seelen unserer Vorfahren. Lehret Eure Kinder, was wir unsere Kinder lehren: Die Erde ist unsere Mutter. Was die Erde befällt, befällt auch die Söhne der Erde. Wenn Menschen auf die Erde spucken, bespeien sie sich selbst. Denn das wissen wir, die Erde gehört nicht den Menschen, der Mensch gehört zur Erde – das wissen wir.

Alles ist miteinander verbunden, wie das Blut, das eine Familie vereint. Alles ist verbunden. Was die Erde befällt, befällt auch die Söhne der Erde. Der Mensch schuf nicht das Gewebe des Lebens, er ist darin nur eine Faser. Was immer Ihr dem Gewebe antut, das tut Ihr Euch selber an. Nein, Tag und Nacht können nicht zusammenleben. Unsere Toten leben fort in den süßen Flüssen der Erde, kehren wieder mit des Frühlings leisem Schritt, und es ist ihre Seele im Wind, der die Oberfläche der Teiche kräuselt.

Das Ansinnen des weißen Mannes, unser Land zu kaufen, werden wir bedenken. Aber mein Volk fragt, was denn will der weiße Mann? Wie kann man den Himmel oder die Wärme der Erde kaufen – oder die Schnelligkeit der Antilope? Wie können wir Euch diese Dinge verkaufen – und wie könnt Ihr sie kaufen? Könnt Ihr denn mit der Erde tun, was Ihr wollt – nur weil der rote Mann ein Stück Papier unterzeichnet – und es dem weißen Manne gibt? Wenn wir nicht die Frische der Luft und das Glitzern des Wassers besitzen – wo könnt Ihr sie von uns rückkaufen? Könnt Ihr die Büffel zurückkaufen, wenn der letzte getötet ist?

Auch die Weißen werden vergehen, eher vielleicht als alle anderen Stämme. Fahret fort, Euer Bett zu verseuchen, und eines Nachts werdet Ihr im eigenen Abfall ersticken.

Wenn wir Euch unser Land verkaufen, liebt es, so wie wir es liebten, kümmert Euch, so wie wir uns kümmerten, behaltet die Erinnerung an das Land, so wie es ist, wenn Ihr es nehmt. Und mit all Eurer Stärke, Eurem Geist, Eurem Herzen, erhaltet es für Eure Kinder und liebt es – so wie Gott uns alle liebt."

Im Wesen dasselbe hat 3000 Jahre früher der taoistische Philosoph Dschuang Dsi gesagt: „Was wir die Welt nennen, ist die Einheit aller Geschöpfe."

Die Worte des Indianerhäuptlings Seattle sind in den USA nicht gehört worden. Aber sie sind nicht untergegangen, und sie scheinen sich als richtig zu erweisen. Denn 125 Jahre später berichtete Preuschen über die ökologische Situation in den USA u. a.:

„In diesen 200 Jahren sind in den USA insgesamt 650 Millionen Acre (1 acre = 0,4 ha), also 260 Millionen Hektar kultiviert worden. Von diesen sind aber nur noch zwei Drittel in Nutzung, ein Drittel ist bereits nutzloses Land geworden, nicht absolut Wüste, aber jedenfalls nicht mehr nutzungsfähiges Land; und zwar innerhalb von 200 Jahren, vorwiegend in den letzten 100 Jahren! Vor dieser Zeit war die kultivierte Fläche viel geringer, zumal sich die frühe Besiedelung nur im Osten Amerikas abspielte. Das große Verderben begann mit der Besiedelung des mittleren Westens und zwar durch die Art, wie sie vor sich ging...

Noch vor 300 Jahren gab es in Arizona, wo heute Wüste ist, große besiedelte Täler, in denen die Leute nur mit Holz bauten. Sie hatten sehr umfangreiche Gebäude und zahlreiche kleine Städte. Also muß dort sehr viel Wald gewesen sein. Heute aber gibt es dort keinen Baum, keinen Strauch mehr, nur noch Wüste..."

„... Joe Nichols, ein Arzt und Chirurg, der die Natural Food Associates in Atlanta, Texas, gegründet hat, berichtete, eine Überprüfung von landwirtschaftlichen Betrieben im Mittleren Westen habe ergeben, daß die dort wachsenden Maispflanzen derart intensiv mit künstlichem Stickstoff gedüngt worden seien, daß sie Karotin nicht mehr in Vitamin A hätten umwandeln können und das daraus hergestellte Viehfutter einen zu geringen Gehalt an Vitamin D und E aufgewiesen habe. Das Vieh nahm nicht zu, und es stellte sich nur noch wenig Nachwuchs ein, so daß die Bauern einen beträchtlichen Verlust erlitten. Der Stickstoffgehalt der Ernte war zum Teil so hoch, daß die Silos, in denen der Mais verarbeitet und gelagert wurde, explodierten, und der Saft, der dabei ausfloß, jede Kuh, Ente oder Henne, die das Pech hatte, davon zu trinken, tötete. Aber auch wenn die Silos nicht barsten, war der zu stickstoffhaltige Mais höchst gefährlich, da er tödliche Stickstoffoxid-Dämpfe verströmte.

Dr. William Albrecht, Professor für Agrikultur

an der Universität von Missouri, der schon vor über einem Vierteljahrhundert darauf aufmerksam zu machen versuchte, wie wichtig ein gesunder Boden für Pflanzen, Tiere und Menschen sei, stellte fest, daß in bezug auf die Beurteilung von Futter Kühe gescheiter sind als Menschen. Mag das Grünfutter noch so saftig und gesund aussehen – sobald es eine Überdosis künstlichen Stickstoffs abbekommen hat, wird es die Kuh stehenlassen und das Gras ringsum kürzer und kürzer abweiden. ‚Obwohl die Kuh die Futtergewächse weder dem Gattungsnamen nach unterscheiden kann, noch nach dem Ertragsgewicht pro Morgen, ist sie ein besserer Experte als jeder Biochemiker, wenn es darum geht, ihren Nährwert zu erkennen.' ...

... Der amerikanische Botanikprofessor Dr. Joseph A. Cocannouer stellte die These auf, daß Pflanzen, die man gewöhnlich für schädlich oder unnütz hält, wie zum Beispiel Kreuzkraut, Gänsefuß, Portulak und Nesseln, weit davon entfernt sind, Schaden anzurichten, sondern im Gegenteil Mineralstoffe aus den unteren Schichten des Bodens holen, vor allem solche, die in der Humusschicht schon verbraucht sind. Unkraut ist also ein ausgezeichneter Indikator für die Bodenbeschaffenheit. Es hilft den angebauten Pflanzen mit ihren Wurzeln zu Nährstoffen zu gelangen, die sie sonst nie erreichen würden.

Cocannouer schrieb über das ‚Gesetz des Zusammenwirkens aller Dinge' und machte warnend darauf aufmerksam, daß die gesamte Welt-Landwirtschaft auf dem besten Wege sei, dieses grundlegende Gesetz außer acht zu lassen: ‚In Amerika sind wir dabei, mit unseren hektischen Anstrengungen, aus den hohen Preisen für Agrarprodukte Nutzen zu ziehen, unsere Böden auszulaugen, anstatt sie zu bebauen.'

Das gleiche gelte auch in zunehmendem Maße für Europa, fügte er hinzu, wo seit dem Zweiten Weltkrieg nur noch wenige Bauern in dieser Hinsicht vernünftig wirtschafteten.

Doch die Frage der richtigen Bebauung der Felder und der Pflege der Pflanzen ist auch wichtig für unsere Gesundheit, und der Ruf nach ‚natürlicher Nahrung' erklingt heutzutage wieder lauter denn je – und nicht nur von verschrobenen Gesundheitsaposteln. ...

... Pfeiffer kam zu der Erkenntnis, daß es lediglich unser egoistischer Menschenstandpunkt ist, der uns bestimmte Pflanzen als ‚Unkraut' deklarieren läßt, und daß wir, wenn wir sie als sinnvollen Teil der Natur betrachten wollten, manches von ihnen lernen könnten. Pfeiffer bewies, daß das Auftreten einer ganzen Gruppe von Unkraut, darunter Schachtelhalm, Ampfer und Sauerklee, ein sicherer Indikator für eine beginnende Übersäuerung des Bodens ist. Löwenzahn, der von Rasenbesitzern meist sofort ausgegraben wird, trägt in Wirklichkeit zur Gesundung des Bodens bei, indem er Mineralstoffe, besonders Kalzium, aus tieferen Erdschichten emportransportiert. Der Löwenzahn ist demnach ein Zeichen für den Rasenbesitzer, daß etwas mit seinem Boden nicht stimmt. ..."

„... die Fruchtfolge ist das Geheimnis, die Öko-Ausregelung der Arten, d. h. die Monokultur, zu umgehen. Deswegen ist im ökologischen Landbau die Fruchtfolge von großer Bedeutung. Sie darf sich nicht nur auf die Nutzpflanzen erstrecken, sondern muß auch die Gründüngungspflanzen mit einschließen, ebenso wie selbstverständlich die Futterpflanzen. Alles was angebaut wird, darf sich nur in großen Abständen wiederholen. Pflanzen aus der gleichen botanischen Familie sollten auch nicht zu oft hintereinander erscheinen. Wir brauchen also eine Fruchtfolge für Nutzpflanzen und brauchen eine entsprechende Fruchtfolge für Gründüngungspflanzen. Wenn wir darüber hinaus statt reiner Ansaaten Mischsaaten nehmen können, um so besser. Das ist im Futterbau und im Gründüngungsbau möglich, für die Pflanzen zur menschlichen Ernährung allerdings nur im bescheidenen Umfang. Artenvielfalt können wir dadurch vergrößern, daß wir Unkraut nur so weit zurückdrängen, wie es der augenblickliche Zustand der Nutzpflanzen erfordert, im übrigen uns aber möglichst verschiedene Wildkräuter in unseren Nutzflächen erhalten ... Wir müssen wieder lernen, Boden, Pflanze und Tier ständig zu beobachten und sozusagen täglich zu fragen, wie es geht und was wir als Menschen tun können, um den Geschöpfen das Leben zu erleichtern. Wir leben dann auch wieder in der richtigen Harmonie mit unserer Umwelt. Denn wir lernen dabei automatisch, sie zu fragen, sie zu achten, ihnen zu helfen und sie nicht zu vergewaltigen oder zu zerschlagen." (Preuschen)

„... Um die Mikroorganismen zu erhalten, müssen große Mengen faulender organischer Substanzen dem Erdboden zugeführt werden, wie das zum Beispiel beim Waldboden ständig der Fall ist. Ein gesunder, natürlich gedüngter Erdboden, mit den richtigen Bakterien, Pilzen und Würmern, frei von chemischen Dünge- und Schädlingsbekämpfungsmitteln, bringt starke, gesunde Pflanzen hervor.

Das Endergebnis von chemischer Landwirtschaft, sagt Nichols, ist immer Krankheit: Zuerst für den Boden, dann für die Pflanzen und Tiere und schließlich für den Menschen. Aber es besteht noch Hoffnung, wenn wir das einsehen und beginnen, das Gift aus unserer Nahrungsmittelproduktion zu entfernen. Wir müssen lernen, die Natur zu bewahren, anstatt sie zu zerstören. Natürlicher Kompost muß den Kunstdünger ersetzen und den Boden wieder organisch beleben. Auf die Dauer wird sich das sogar finanziell auszahlen, weil vom Kunstdünger von Jahr zu Jahr mehr und mehr gebraucht wird, vom Naturdünger jedoch immer weniger und weniger. ..."
(Peter Tompkins, Christopher Bird: Das geheime Leben der Pflanzen)

In dieser so gut wie ausschließlich von Großstädtern bewirtschafteten und organisierten Welt – von „Gestaltung" kann bisher kaum gesprochen werden – ist die großstädtische Welt bis in jedes Detail das maßgebende Vorbild, das im ganzen Land bis ins letzte Dorf mit Massenmedien verbreitet und offenkundig anerkannt und nachgeahmt wird.

Wie sich die Stadt und der Städter künftig mit der Landschaft auseinandersetzen, davon hängt ihr Schicksal ab. Er kann sich dieser Aufgabe nicht entziehen, indem er sie in einem „ursprünglichen" Zustand zum Tabu zu erklären versucht. Er wird sich also mit Landschaftsfragen als Fragen seines Lebensraumes gründlich auseinanderzusetzen haben – davon wird sogar die weitere Existenz dieser Welt in hohem Grade abhängen.

Der Großstädter wird das alles aber am besten erkennen und erlernen durch jene eigenen Erlebnisse im Umgang mit gesunder Vegetation, die ihm am besten ein eigener Garten, die ihm Gartenarbeit, Gartenkultur bietet.

BÄUME

Bäume bestimmen den Charakter der verschiedensten Landschaften weithin — Olivenhaine, Weingärten und Obstkulturen nicht weniger als der Bambus Chinas, die Zypressen der Toskana oder die Lärchen und Zirben der Alpen; und bestimmte Bäume sind ebenso typisch für die Siedlungen bestimmter Landschaften: Die aus geschnittenen Platanen gebildeten Dächer über den Straßen, Plätzen und Promenaden Frankreichs, die Linde am Dorfplatz oder als weithin sichtbarer Beschützer eines Bildstockes, der Nußbaum im Hof oder die Zypressen, die mediterrane Friedhöfe auf weite Entfernung bezeichnen.

Bäume verteidigen die Grenzen der bewohnbaren, kultivierbaren Zone im Hochgebirge. Seifert hat frühzeitig darauf hingewiesen, wie sehr Alleen, Bäume und Hecken in den Feldern, die „Baum"- und „Heckenlandschaften", durch Windschutz und Vogelschutz die Bodenfruchtbarkeit erhalten — wie die Normandie, Schleswig-Holstein und österreichische Voralpenlandschaften zeigen. Bäume an den Straßen bilden darüber hinaus Leitlinien für die Scheinwerfer der Autos; sie dem „Verkehr" zu opfern, hat sich als verkehrstechnisch und verkehrspsychologisch sinnlos und falsch erwiesen.

Im Garten geben uns Bäume Blüten, Früchte und Laub für den Kompost, aber „mindestens" Schatten und Windschutz, Sauerstoff, Luftfeuchtigkeit und damit Kühlung. Ein großer Baum verdunstet im Tag etwa 70 Liter Wasser, das entspricht einer Kühlleistung von etwa 40.000 kcal, und dem stündlichen Sauerstoffbedarf eines Menschen von etwa 18 Liter stehen eine Produktion von 5 Liter Sauerstoff durch 1 m² Rasenfläche, aber von mehr als 10 Liter durch 1 m² Wald gegenüber — während die Verbrennung von 10 Liter Benzin rund 20.000 Liter Sauerstoff verbraucht. Der Laubbaum vor dem Fenster, der im Sommer Schatten gibt und im Winter Sonne durchläßt, ist eine Klimaanlage, die im Gegensatz zur technischen weder Anlage- noch Wartunskosten verursacht, keine Energie verbraucht, sich den Jahreszeiten entsprechend selbst reguliert und vor allem — im Gegensatz zu allem anderen — von Jahr zu Jahr größer und wirksamer wird.

Die lange Lebenszeit, in der ein Baum immer mächtiger und schöner wird, widerlegt die Furcht und Skepsis einer neuerungssüchtigen Zeit vor dem Altern und hat den Baum seit jeher zum Sinnbild der Lebenskraft, des Lebens überhaupt gemacht. So ist er als „Weltenbaum", als Sitz der Götter und Mittelpunkt des Kosmos eine zentrale Figur aller Mythologie.

Buddha saß im Augenblick der Erleuchtung am Fuße des Himalaya unter einem riesigen Bodhibaum, der seither den Buddhisten als „Baum der Erleuchtung" heilig ist.

Im Vorderen Orient gilt die Palme als Sinnbild des Lebens, der eine Palme erkletternde Mann ist Sinnbild des zu hoher Erkenntnis aufsteigenden Menschen.

In den islamischen Ländern sind Lebensbäume auf Gebetsteppichen zu sehen. Auf einem Schamanengewand erwächst ein Baum dem Toten- und Seelenschiff, das den Schamanen während der Ekstase in die jenseitige Welt trägt. Seine Seele steigt vom Schiff auf den kosmischen Baum, die Weltachse empor in den Himmel.

Islamischer Gebetsteppich, mit dem aus dem Totenschiff aufwachsenden Lebensbaum

Die Weltenesche der germanischen Mythologie veranschaulicht Werden und Vergehen der Welt: „Der Baum Yggdrasil, der im Zentrum steht, symbolisiert und bildet gleichzeitig das Universum. Sein Gipfel berührt den Himmel, und seine Äste umarmen die Welt. Eine seiner Wurzeln ist im Land der Toten (Hel), die andere im Bereich der Riesen und die dritte in der Welt der Menschen verankert. Seit seinem Erscheinen (also seit der Organisation der Welt durch die Götter) war Yggdrasil von der Zerstörung bedroht: ein Adler begann, sein Blattwerk zu verschlingen, sein Stamm begann zu faulen, und die Schlange Niddhog machte sich ans Zernagen der Wurzeln. Eines nicht allzu fernen Tages wird Yggdrasil zusammenstürzen, und das bedeutet das Ende der Welt (ragnarök)."

„Während des Großen Winters von ragnarök werden sie im Stamme von Yggdrasil Unterschlupf finden und vom Tau seiner Zweige genährt werden. Nach Snorri wird dieses Paar unter dem Schutz des kosmischen Baums die Zerstörung der Welt überleben und die neue Welt bevölkern, die danach entsteht."

„Es handelt sich augenscheinlich um das bekannte Bild des Universum-Baumes, der in der Mitte der Welt liegt und die drei kosmischen Ebenen verbindet: Himmel, Erde und Hölle. Wir haben bei mehreren Gelegenheiten den archaischen Ursprung und die weite Verbreitung dieses kosmologischen Symbols angedeutet. Man könnte sagen, daß Yggdrasil das exemplarische und universelle Schicksal der Existenz verkörpert; jede Existenzart – die Welt, die Götter, das Leben, die Menschen – ist vergänglich und dennoch fähig, zu Beginn eines neuen kosmischen Zyklus wiederzuerstehen." (Mircea Eliade: „Die Geschichte der religiösen Ideen", Band 2)

Über China berichtet Granet: „Im genauen Mittelpunkt des Kosmos, dort, wo die vollkommene Hauptstadt liegen sollte, ragt ein wunderbarer Baum empor und verbindet die neun Quellen mit den neun Himmeln, also die Tiefen der Erde mit ihrem First. Man nennt ihn den aufgerichteten Baum und behauptet, daß in seiner Nähe nichts, das vollkommen aufrecht steht, einen Schatten werfen kann." Chinas Kaiser haben alte Bäume gesammelt wie andere Briefmarken: „Im Norden des Palastes, ungefähr einen Bogenschuß von der nächsten Mauer entfernt, erhebt sich ein künstlicher Erdhügel, dessen Höhe volle hundert Schritte und dessen Umfang ungefähr eine Meile beträgt. Dieser ist mit den schönsten immergrünen Bäumen besetzt; denn sobald der Großkhan erfährt, daß an irgendeinem Platze ein schöner Baum wächst, läßt er ihn mit allen Wurzeln ausgraben, und, wenn er auch noch so groß und schwer ist, durch Elefanten zu diesem Hügel schaffen; weil der Hügel immer grünt, hat er den Namen des grünen Berges erhalten. Auf seinem Gipfel steht ein eleganter Pavillon, der gleichfalls völlig grün ist. All dieses zusammen, der Berg, die Bäume und das Gebäude, ist köstlich und wunderbar anzuschauen." (Marco Polo)

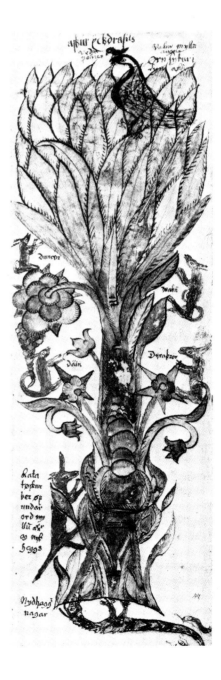

Weltesche „Yggdrasil"

50

51

„Fast auf jedem Bauernhof versucht man, einen großen, schattenspendenden Baum heranzuziehen, der an heißen Sommertagen Kühlung bringt", berichtet Jack Chen.

Besonders charakteristisch für die liebevolle Pflege und Erhaltung von Bäumen ist die seit tausend Jahren bekannte ostasiatische Kultur von Zwergbäumen, unentbehrliche Bestandteile der in flachen Schalen gebauten Miniaturlandschaften, die, wie in Japan, auch in bescheidenen Häusern zu finden sind. In Sutchou sind im „Garten des Verweilens" und im „Garten der Politik des Einfältigen" große Sammlungen überaus sorgfältig gepflegter und beschnittener Exemplare von Stechpalmen, Zwergwacholdern, „Buddhafichten", Granatäpfelbäumen usw. zu sehen, die Jahrhunderte alt sind und jährlich Früchte tragen.

Welches andere Beispiel könnte eindringlicher „Kontinuität" bezeugen als die Bereitschaft immer neuer Generationen, sorgfältig zu erhalten und weiter zu pflegen, was früheren Generationen wertvoll war – eine Gesinnung, die freilich das Weiterwirken bzw. die weiterwirkende Überzeugungskraft allgemeingültiger Auffassungen – „Tradition" – voraussetzt und andererseits ihre Existenz bezeugt, wenn sie vielleicht auch schon ins Unbewußte gesunken sind.

Die uralte Symbolbedeutung des Baumes ist im Unbewußten moderner Stadtbevölkerung noch ganz lebendig. C. G. Jung hat zahlreiche von seinen Patienten gezeichnete Baumsymbole publiziert und auf die zentrale Bedeutung derselben im Unbewußten moderner Menschen hingewiesen: „Grau, teurer Freund, ist alle Theorie, und grün des Lebens goldner Baum."

Der Baum ist oft früher da als der Garten. Im Hinblick auf seine über den einzelnen Garten weit hinausgehende Bedeutung hat er Anspruch auf Rücksicht. „Ein einzelner alter Ahorn adelt einen ganzen Garten", sagt Hugo von Hofmannsthal. Mit Recht ist kritisiert worden, daß gelegentlich einer Gartenschau alte Bäume der Wiederherstellung eines barocken Gartens geopfert worden sind – die dann nicht viel mehr als leere, schatten- und maßstablose Flächen gebracht hat.

Niemals war Baumschutz nötiger als heute in der Zeit selbstverständlich gewordener Baumvernichtung großen, lebensbedrohenden Ausmaßes. So wurden in Tirol zwischen 1970 und 1975 rund 800 Hektar Wald für Skipisten etc. geopfert. Durch Umweltverschmutzung sind in Österreich 132.000 Hektar Wald geschädigt. Und die riesigen Rodungen tropischer Urwälder werden voraussichtlich sehr bald weltweite Folgen haben.

Weil Sauerstoffverbrauch, Austrocknung und Vergiftung der Luft durch Abgase aller Art in den verbauten Zonen am größten sind, ist hier Vegetation am nötigsten, sind Opfer an Baumbeständen am wenigsten vertretbar und keinesfalls mit dem Hinweis auf neue Pflanzungen zu entschuldigen, die ja erst nach Jahrzehnten zur Wirkung kommen.

Wer in begrenzten Gartenräumen neue Bäume pflanzt, muß den späteren Platzbedarf für Krone und Wurzelbereich berücksichtigen, was nicht immer leicht ist. In den Kleingarten- und Kleinsiedlungsordnungen wird zum Beispiel mit Recht verboten, auf kleinen Gartenparzellen Bäume mit großen Raumansprüchen zu pflanzen, deren Kronen und Wurzeln sehr bald die Nachbarparzellen beschatten und unbepflanzbar machen können, was ja nicht nur für Waldbäume, insbesondere für Nadelbäume, sondern auch für Nußbäume, große Kirschbäume usw. gilt.

„Freiheit" gibt es für den Gärtner ja auch sonst nicht, sondern nur Ein- und Unterordnung unter Gesetzmäßigkeiten von Boden und Klima, von Örtlichkeit, Jahreszeit und Wachstumszyklen. Er kann nur mit, nicht gegen die natürlichen Bedingungen, örtlichen Verhältnisse und Möglichkeiten arbeiten. Zum Beispiel pflanzen die Bauern der Haute-Provence auf der Nordseite ihrer Häuser Nadelbäume, um während des ganzen Jahres den Wind aus dem Gebirge abzuhalten, auf der Südseite aber Nußbäume, die im Sommer Schatten geben, im Winter aber die Sonne durchlassen.

Unter günstigen Bedingungen kann man auch vorhandene Bäume als Wind- und Sonnenschutz nutzen, das Haus unmittelbar in ihren Schatten stellen. Das erfordert aber besonders sorgfältige Rücksicht auf die Wurzelbereiche: die Fundamente müssen als Brücken über die Wurzeln geführt werden.

In einer Siedlung auf einem steilen Südhang in Wien habe ich an die Südwestecke der ebenerdigen, zwecks passiver Sonnenenergienutzung südseitig verglasten Häuser Aprikosenbäume gepflanzt, um Schutz gegen seitliche Nachmittagssonne zu bieten, den der Sonnenbrecher über der Südfront nicht genügend geboten hätte. Die meisten Bewohner haben diese Bäume sehr bald entfernt: Obstbäume waren als „Freßbotanik" nicht „modern" und sind es noch heute vielfach nicht – sie machen ja auch „Arbeit".

Aber wahrscheinlich hat nichts mehr zur Unterschätzung und Vernachlässigung von Vegetation im allgemeinen und Gartenkultur im besonderen beigetragen, als ihr Mißbrauch als Prestigeobjekt, als Dekorationselement aus dem Gartenfirmenkatalog – im Grunde überflüssige Zutat, die keine besondere Anteilnahme erregt und Lebenswichtigerem leicht geopfert werden kann.

Gleichzeitig hat man sich daran gewöhnt, jene großen Annehmlichkeiten zu entbehren, die richtige Anwendung von Vegetation bieten könnte und oft und lange geboten hat: Bildung geschützter Räume erholsamer, erfrischender Atmosphäre, vielfältiges Naturerlebnis und entspannende Beschäftigung und Selbstverwirklichung am Feierabend und Lebensabend – von den Beiträgen zu einer vom „Markt" unabhängigen Versorgung ganz zu schweigen.

Nach solchen Gesichtspunkten sind allerdings Bäume wichtiger als Rasen, Laubbäume viel besser als Koniferen, Obstbäume besser als Ziersträucher, Blütenstauden und eine „Wiese" den immergrünen „Bodendeckern" vorzuziehen, und Pflanzen, die „Arbeit machen", viel besser als solche, die auch ohne uns existieren.

Deshalb sind Sense und Sichel im Garten unvergleichlich richtiger am Platz als lärmende und meist stinkende Rasenmäher, die Boden und Bewohner mit Abgasen vergiften.

„Es gibt ein ganz besonderes Körpertraining, das alle Gliedmaßen beansprucht, das im rhythmischen Wechsel die Muskeln spannt und entspannt und das die so empfindlichen Rückenwirbel in therapeutisch drehende Bewegung versetzt. Es gibt eine Freizeitbeschäftigung, die sowohl Köpfchen als auch Temperament verlangt und die überdies nicht nur Spaß macht, nicht nur Selbstzweck ist, sondern außerdem eine besondere Wirkung auf unsere Lebensgrundlage ausübt und somit das Lebensgefühl steigert.

Es ist das Mähen – das Mähen mit der Sense. Würden Sensen so leicht und so verfeinert und so kostbar gemacht wie Golf- und Krickettschläger, und würde es Eintritt und Unterrichtsgebühr kosten, damit auf Übungswiesen mit verschiedenen Grasarten unterschiedlicher Dichte und Länge gemäht werden dürfte — Mähen wäre bald ein ganz exklusiver — oder besser: ein allgemein beliebter Volkssport. Nach abgelegter Prüfung oder nach erworbenem Diplom dürfte dieser Sport dann auch im eigenen Garten oder sogar im fröhlichen Wettstreit auf öffentlichen Anlagen und im Urlaub sogar auf richtigen Wiesen ausgeübt werden. Und dann dürfte das Gras nicht nur, dann müßte es ganz schnell wieder wachsen ...!" (H. Mattern) Denn in unserer Gesellschaft der unselbständigen Büroinsassen und Maschinenbediener beruht die Bedeutung des Gartens eben auf der Möglichkeit, selbständig und mit eigener Hand mit Pflanzen umzugehen, um sich eine naturnahe, persönliche Welt zu schaffen. Dabei wird der Korb voll Blumen, Obst und Gemüse, von dem wir jedenfalls wissen, daß es uns nicht mit Insektiziden vergiften wird, nur ein Zeichen dafür sein, daß im Garten unaufhörlich beschenkt wird, wer sich Naturgesetzen unterzuordnen, wer zu warten und zu erkennen bereit ist, wie vieles wir nicht „machen", nicht einmal beeinflussen können. Wir werden aber sehr rasch eine beglückende Welt um uns haben, wenn wir fragen, was Pflanzen uns geben können: ein Laubbaum gibt z. B. unter seiner Krone schattigen Raum zum Sitzen, Liegen, Lesen, Wohnen, unter Nadelbäumen bleibt im allgemeinen wenig geschützter Platz zum Aufenthalt, und sie bieten viel weniger Blüten, Früchte und Kompostmaterial. Sie beschatten ihre Umgebung im Winter, beschneit, noch mehr als im Sommer. Dagegen halten sie Wind ab: man könnte sie daher an die Wetterseite stellen, und an die Straße, denn sie schützen auch gegen Staub und Abgase, ein wenig auch gegen Lärm. Ähnliches gilt von den Sträuchern: sie verschwenden insofern Platz, als unter ihnen kein brauchbarer Raum bleibt; aber als dichte, schmal geschnittene Hecke bilden sie schützende Wände, und mit rankenden Pflanzen kann man Schattendächer über den so begrenzten Raum ziehen. Freilich müssen wir wissen, welche Pflanzen unter welchen Umständen gedeihen.

Leider führt uns bei der Auswahl der nach Dekoration orientierte Gartenkatalog zu rotem und gestreiftem Laub, zu goldgelben, blauen und silbernen Nadeln und verdrehten Zweigen — zu Anomalien und Krankhaftigkeit, während wir besser wissen sollten, auf welchem Boden und in welchem Klima bestimmte Pflanzen am besten

gedeihen, wo sie kultiviert werden können. Denn wenn wir im geschützten Raum des Gartens natürlich auch das „Besondere", die Steigerung gegenüber der Natur haben möchten und sollen, so ist für gesundes Gedeihen doch einige Übereinstimmung der Bepflanzung mit dem Grundcharakter der Landschaft, ihrem Boden und Klima nötig – und zweifellos um so mehr, je weiter ein Haus in freier Landschaft steht.

Wände und Dächer aus beschnittenen und dadurch dichter gewordenen Bäumen und Hecken, berankte Gitterwände und Pergolen haben seit jeher in hohem Grade *Raum* gebildet — lebendigeren, transparenteren als gebauter Raum sein kann, erfüllt vom lebendigen Spiel von Licht und Schatten, veränderlich mit den Jahres- und Tageszeiten, kühl und erfrischend; Raum, der fast ohne jene engen Bindungen entstehen kann, die Zwecke, Funktionen und Finanzen den gebauten Räumen auferlegen, *Raum,* der durch seine ganz anderen, oft so gut wie unbegrenzten Dimensionen auch die größten Kontraste zwischen Enge und Weite, zwischen schmalen überwölbten Gängen und großen Rasenflächen, zwischen riesigen Wänden aus Bäumen bieten kann. In Renaissancegärten sind durch bewachsene Gitter, Kuppeln und Tonnen Räume von großer architektonischer Klarheit „gebaut" worden. Und schließlich ist in den Baumhäusern, die es in vielen Kulturen gegeben hat, die Baumkrone selbst zum Raum gemacht worden.

Ganz offenkundig ist die überaus differenzierte Räumlichkeit alter Barockgärten die Hauptursache ihrer großen Beliebtheit gegenüber der geringeren moderner Parks oder Gartenschauen mit ihrer vergleichsweise weit weniger ausgeprägten Räumlichkeit — obgleich die alten Parks doch für ganz andere Zeiten mit anderen gesellschaftlichen Verhältnissen, im Dienste feudaler Repräsentation und nicht der Erholung großstädtischer Bevölkerung geschaffen worden sind!

61

62

S. 59:
Rechts: Haus in Wien-Hietzing, so zwischen vorhandene Bäume gestellt, daß es auf der Nordseite von Nadelbäumen vor dem Wind, auf der Südseite durch Linden vor der Sonne geschützt ist
Links. Bauernhaus in der Haute Provence, auf der Südseite durch Nußbäumen, im Norden durch Nadelbäume geschützt

S. 60:
Unten: Raumbildung durch beschnittene Bäume im Park Schönbrunn, Wien
Oben: In den Boboli-Gärten von Florenz

S. 61:
Oben: Beschnittene Platanen in Südfrankreich
Unten: Goldregen überwachsener Gartengang, England

S. 62:
Links: Raumbildung durch Pergolen, Mauern und beschnittene Bäume im Park von Generalife, Granada
Rechts: Pergola über einem von Mauern geschützten Eingang im Haus Dr. B., Wien-Hietzing

S. 63:
Mit Wein überwachsene und mit Kalkstein gemauerte und gepflasterte Terrasse in einem Ferienhaus im Burgenland

STEIN, HOLZ UND DIE ZEICHEN DER ZEIT

Antikes Zyklopenmauerwerk in Delphi

Raumabschließende Wände müssen um so dichter, massiver, dauerhafter sein, je stärker die Kräfte sind, denen sie standzuhalten haben; sie sind um so leichter zu errichten und wirken um so selbstverständlicher, je unmittelbarer vorhandenes, an Ort und Stelle anstehendes Material verwendet werden kann: sei es die Lehmmauer, die die Höfe, Gärten und Reisterrassen Asiens begrenzt, sei es der von Hecken bestandene Wall, der aus den Steinen entstanden ist, die aus den Feldern geklaubt worden sind, oder die aus unbearbeiteten Steinen ohne Mörtel geschichteten Trockenmauern, mit denen die Weinbauern sich selbst ihre Terrassen bauen, oder die Stützmauern an den Straßen, die Straßenarbeiter aus örtlichem Material aufgeschichtet und mit Steinscherben verkeilt haben, so daß in den Fugen Pflanzen mit ihren Wurzeln ihr sicherndes Netz spinnen konnten.

Mörtel als Bindemittel und äußere Haut war ja lange Zeit nur den Hausmauern, bestenfalls auch noch den Hofmauern vorbehalten, und er ist immer aufs sparsamste verwendet worden. Da die Festigkeit des Steins höher ist als die des Mörtels, ist eine Stein auf Stein geschichtete, mit Steinscherben verkeilte und solcherart unter Spannung gesetzte Mauer bei Ersparnis der Mörtelkosten am billigsten und widerstandsfähigsten, sofern der Maurer das gelernt hat und noch versteht – ein gutes Beispiel dafür, wie handwerkliches Können bei geringerem Materialaufwand die höhere Leistung, das bessere und daher auch schönere Ergebnis bringt – und was an solchem Können verlorengeht, wenn Sparsamkeit nicht mehr nötig ist.

In den klassischen antiken Zyklopenmauern, wie sie z. B. in Delphi noch zu finden sind, sitzt fast fugenlos Stein auf Stein.

Hohe Mauern aus unbearbeitetem Stein hat man früher durch waagrecht eingelegte Hölzer zu stabilisieren versucht. Auch ohne dieses Hilfsmittel ist die waagrechte Lagerfuge das wichtigste Element der statischen und optischen Ordnung, die auch durch waagrecht angeordnete Steinscherben erreicht wird, mit denen die größeren Steine verkeilt werden.

Mörtel braucht als unwesentliches Element kaum sichtbar zu sein. Er sollte hinter der Oberfläche des Steins zurückgesetzt bleiben, nicht durch Verfugung betont werden und möglichst aus einem dem Stein ähnlichen oder gleichen Sandmaterial bestehen; mit Kalk gebunden, wird er porös und pflanzenfreundlich sein. Früher hat man Mauern vielfach mit Lehm vermörtelt.

Die so entstehenden natürlichen Unregelmäßigkeiten von Material und Arbeit, die „Handschrift" des Steinmaurers, gibt dem Mauerwerk eine lebendige und selbständige Sprache, die gewollte Unregelmäßigkeiten ebenso spart wie das Schneiden und Schleifen gewachsenen Materials zu abstrakten, regelmäßigen Flächen und mit natürlicher Umgebung von selbst eine Einheit eingeht, die mit dem Wachstum von Flechten, Moosen und Gräsern von Jahr zu Jahr fühlbarer wird. Dies gilt natürlich auch von anderem Material: Erst wo Holz vom Wetter je nach der Himmelsrichtung silbergrau, dunkelbraun oder schwarz verfärbt ist, ordnet es sich dem Garten und der Landschaft ganz selbstverständlich, fast unsicht-

Steinmauern für Gärten, Hof und Haus in Mykonos

Türkisches Holz-Mischmauerwerk aus der Mitte des vorigen Jahrhunderts

Unbearbeitete Rundhölzer von Dächern in Anatolien

bar ein und unter, und ähnliches gilt auch von Mauern aus handgeschlagenen alten Ziegeln.

Nichts wäre also sinnloser, als zu versuchen, die unvermeidlichen Spuren des Alterns von Baustoffen im Garten verhindern oder verbergen zu wollen, der ja auch als Ganzes erst durch die Zeit seine eigentliche Form gewinnt und seinen Raum bildet.

All das weiß man bezeichnenderweise in Ländern mit alter Gartenkultur wie England und Japan seit jeher: „... Ein Schützen der Materialien gegen Beschädigung oder Verwitterung wird absichtlich unterlassen, denn die teilweise oder gesamte Verfärbung, Risse oder Abnutzungen sowie andere sonstige Veränderungen im Laufe der Zeit verleihen ihnen jenes besondere Aussehen und jene innere Qualität, die diesem Schönheitsempfinden entspricht. Polierte, perfekte und synthetische Werkstoffe oder Oberflächen sind durch Regelmäßigkeit tot, langweilig und daher uninteressant, sie können niemals shibui sein. Die Risse im Holz, die Abnutzung des Natursteins und die Verfärbung des Bambus von Grün auf Grau werden nicht als Fehler bemängelt, sondern als Patina der Zeit angesehen, die man mit Ehrfurcht bewundert und um deretwillen man Unbequemlichkeiten gerne in Kauf nimmt und gewisse Bauteile in regelmäßigen Abständen erneuert. Diese Patina und diese nicht perfekte Bearbeitung lenken die Aufmerksamkeit des Betrachters auf die Materialien, womit jenes erstrebenswerte Interessante im Rahmen des Einfachen erreicht wird. Für uns sind interessant und einfach oft Widersprüche, weil wir ersteres mit effektvoll und letzteres mit primitiv verwechseln. Die Einfachheit hat hier nichts mit Primitivität gemeinsam, sie ergibt sich vielmehr aus der Kunst, sich zu bescheiden: zum Beispiel etwas aus acht Teilen herzustellen, wenn zehn dazu zur Verfügung stehen. Sie ist das Ergebnis des Studiums der verschiedenen Materialien, des Wissens um ihre naturgegebenen Eigenschaften und wie diese am besten ausgenutzt und eingesetzt werden können.

Neben dieser Bescheidung spielt das Bestreben zu abstrahieren eine bedeutende Rolle, womit gemeint ist, Unnötiges wegzulassen, um dadurch die Grundkomposition um so mehr zur Wirkung kommen zu lassen. In der Architektur äußert sich die Einfachheit in der Klarheit der Gliederung, der Vereinfachung der Konstruktion und in der Beschränkung bei der Auswahl der Materialien.

Sabi, ein ästhetischer Kult um 1400, erkennt etwas als vollständig schön an, wenn es eine Qualität ausstrahlt, wie sie gewöhnlich nur die Zeit geben kann, nämlich Patina, erhebende Ruhe, Würde. Oft wird dieser Zustand erst kurz vor dem Verfall erreicht, wie etwa bei einer Blüte, der Natur ausgesetztem, unbehandeltem Holz, Stroh oder Bambusrohr." (Klaus E. Müller – New York)

Solche Gestaltung ist Voraussetzung und auch Ausdruck eines bewußt einfachen Lebensstils, der ursprüngliche Einrichtungen und die elementaren Erlebnisse, die sie bieten, den von technischer Perfektion gebotenen Bequemlichkeiten vorzieht: Das Feuer im Herd, im Kamin oder im Kachelofen der Zentralheizung, oder Kerzen den Glühbirnen oder Leuchtstoffröhren.

Und wenn zum Feuermachen das Schneiden und Hacken des Holzes ebenso gehört wie das Verteilen der Asche als Dünger im Garten, so wird damit wie bei aller Gartenarbeit seelische Befriedigung durch sinnvolle Arbeit erreicht, vielleicht auch durch das Gefühl der Selbständigkeit und Unabhängigkeit von öffentlichen technischen Einrichtungen – anstelle der Geringschätzung manueller Arbeit einerseits und der Ergebenheit gegenüber der Sportmode andererseits, die unserer Gesellschaft derzeit nicht immer nützen.

S. 68:
Mit dem Maurerhammer behauenes Kalk-Sandsteinmauerwerk in St. Margarethen, nördliches Burgenland, um 1960

S. 69:
Ferienhaus in St. Margarethen;
Oben: neu
Unten: 15 Jahre später

S. 70:
Links: Verwitterte Steinsitze in einem griechischen Amphitheater
Rechts: Pflege und Gestaltung: gekalkte Stufen und Mauern in Stolac, Herzegowina

S. 71:
Links: Natürliche Farbunterschiede des Holzes an einem ausgebesserten Schindeldach in Jaice, Bosnien
Rechts: Vergrautes Fichtenholz von Zäunen, Dächern und Wänden, Waldviertel

S. 72:
Haus- und Gartenmauern, Stufen und Pflaster einheitlich aus handgeschlagenen Ziegeln aus dem Abbruch alter Mietkasernen, an Häusern in Wien-Hietzing

S. 73:
Mauerdetail zu S. 72

Von Weinbauern errichtete Stützmauern in der Wachau

Von Straßenarbeitern errichtetes Gneismauerwerk im Waldviertel

WASSER UND ABWASSER

Wasser als wichtigstes Lebenselement, als Medium der Reinigung, Heiligung, Kühlung und Erfrischung, aber auch als Abbild der Meere und Sinnbild des Unbewußten, hat in den Gärten immer eine bedeutende Rolle gespielt, ist früher mit großer Erfindungsgabe auf verschiedenste Weise genutzt und genossen worden: vom Brunnen als Zentrum mittelalterlicher Plätze, Höfe, Gärten und Badefreuden bis zu den naiven Wasserspielen des Manierismus, den rauschenden Wasserschleiern und sprühenden Fontänen barocker Parks; oder als ruhige, glänzende, Feuchtigkeit und Kühle verbreitende Fläche, die vor Bauten, Bäumen und Räumen ein irrationales, bewegtes Spiegelbild ausbreitet – das in den Höfen iranischer Moscheen über die Umgebung herausgehoben erscheint, so daß das Wasser über den Rand des Beckens in tieferliegende Rinnen herunterfließt – wodurch das Spiegelbild glänzender und schwebender wirkt.

Begreiflicherweise ist man mit Wasser um so sorgsamer umgegangen, je knapper und damit kostbarer es war, je wichtiger in heißem Klima natürliche Kühlung und je quälender und bedrohender Wassermangel in Steppen oder Wüsten geworden war.

Darum war „Wasser als Stoff der Poesie" der Beitrag der Wüstenbewohner zur Gartenkunst, darum ist „Wasser die Musik der Alhambra", wo es nach iranischem Vorbild aus niedrigen, leise murmelnden Springbrunnen in schmale, weiße Marmorgerinne fließt, die Innenräume und Höfe gleicherweise durchziehen und miteinander verbinden.

Unvergleichlich ist die Einheit, die weit über das Ufer auskragende alte türkische Wohnhäuser am Bosporus mit Wasser und Vegetation eingegangen sind. Künstliche Kanäle und große Wasserflächen sind ordnendes Hauptelement und beherrschendes Zentrum der großen Mogulgärten Kaschmirs. In den iranischen Wohnhäusern sind Wasserbecken in den Höfen und Gärten zusammen mit Sonnensegeln und Lufttürmen zu raffinierten, ohne jeden Mechanismus höchst wirksamen Kühlungs- und Lüftungseinheiten kombiniert.

In den ostasiatischen Gärten führen Trittsteine und Brücken nicht geradlinig, sondern geknickt, um Wasser und Ufer von immer neuen Blickpunkten genießen zu können; die große Brücke in Isfahan war mit Sitzterrassen zwischen mehreren sprühenden Wasserläufen als echter Erholungsplatz ausgebildet – und berühmt sind die chinesischen Pavillons inmitten eines Teiches.

Die Ufer unserer Gewässer, heute vielfach von Wochenendhäusern zugebaut, sind seit jeher nicht nur öffentliche Erholungsräume, sondern Lebenszentren gewesen, bis sie in den Großstädten des Industriezeitalters der Fluß-„Regulierung" und „Stadtentwässerung" zum Opfer gefallen sind.

Die bequeme Wasserversorgung des Industriezeitalters hat zu einer ungeheuren Steigerung des Wasserverbrauchs geführt: hat ein Einwohner früher dem Brunnen etwa 40 Liter täglich entnommen, so heute der Wasserleitung rund 350 Liter. Ein Hochofen braucht soviel Wasser wie eine Stadt von 65.000 Einwohnern, 5000 Liter für eine Tonne Koks, 20.000 Liter für eine Tonne

Mittelalterliche Badefreuden

In türkischen Villen am Bosporus hat man Vegetation und kühlendes Wasser als erfrischende Wohn-Umwelt zu nutzen verstanden

Stahl, 750.000 Liter für eine Tonne Spinnfasern! Wasser ist aber nicht nur Massenverbrauchsgut sondergleichen geworden, sondern wird auch als Transportmittel für Fäkalien, Schmutz und Gifte aller Art mißbraucht, auch wenn die Weltmeere schon abzusterben beginnen.

Unter diesen Umständen wäre nichts nötiger als sorgfältigster und sparsamster Umgang mit Wasser, mit allen Niederschlägen, und vor allem mit dem Grundwasserschatz. Aber die „Wasserwirtschaft" des Industriezeitalters ist vom Gegenteil beherrscht: vom Gedanken der „Stadtentwässerung", die alles Wasser so schnell wie möglich abzuleiten, zu beseitigen versucht. So ist es „selbstverständlich", daß jeder Regentropfen, der auf Dächer und Straßen der „steinernen Stadt" fällt, so schnell wie möglich in den Kanälen verschwinden muß, auch wenn gleichzeitig Gärten und Parks mit immer knapper und teurer werdendem, gechlortem und damit biologisch entwertetem Leitungswasser gegossen werden müssen, was übrigens nichts daran ändert, daß die Baumwurzeln immer schwerer das Grundwasser erreichen – das nicht nur durch vielfach als Drainage wirkende Kanäle, sondern durch Tief-Brunnen und überdies noch planmäßig zur bequemeren Durchführung von Tiefbauten, U-Bahnen usw. immer weiter abgesenkt wird. 1982 hat der Wiener Stadtgartendirektor mitgeteilt, daß in Wien das Grundwasser solcherart durchschnittlich um 6 m (!) abgesenkt worden ist, so daß sich kaum ein Baum mehr Wasser von unten holen kann, es andererseits aber auch von oben nicht mehr erhält, weil anstelle des alten, wasserdurchlässigen Kopfsteinpflasters undurchlässige Beton- und Asphaltschichten die Stadtfläche weithin bedecken – und das bedeutet überdies, daß die Vegetation nicht nur vertrocknet, sondern auch erstickt und verhungert.

Und in dieser Zeit der zu Betonrinnen und -röhren regulierten Bäche und Flüsse, der trockengelegten Moore und Weiher finden wir auch in den meisten Gärten Wasser nur gechlort im Plastikschlauch oder im „Swimming-pool", der nach sehr kurzer sommerlicher Benutzung ein leeres Loch im Garten bleibt. Vergessen scheinen Kühlung und Erfrischung für Menschen, Tiere und Pflanzen, vergessen der Tau, der von Teichen, Tümpeln und natürlichen Gerinnen ausgeht, an deren Ufern

78

S. 76:
An den der Kühlung, Reflexion und Reinigung dienenden Wasserbecken der islamischen Welt ist der Wasserspiegel über seine Umgebung herausgehoben:
Oben: Zeitgenössische Darstellung iranischer Villen
Unten: Becken im Hof der Freitagsmoschee in Isfahan
S. 77:
Das Reflexionsbecken des ORF-Zentrums Wien dient auch der Kühlung des nach Süden offenen Vorhofes
S. 78:
Vegetationsbecken mit Seerosen, Kolbenschilf, Pfeilkraut, Tannenwedel und – Kaulquappen
S. 79:
Libelle im Garten

Oben: Ägyptischer Garten mit zentralem Fischteich und Fruchtbäumen
Unten: Chinesen ernten Knollen der Lotosblumen

Weiden und Erlen stehen, vergessen scheinen auch die dort lebenden Libellen, Frösche, Molche, Fische und Vögel. Und wer hört gar noch die Meinung alter Bauern, daß aus Leitungsrohren oder Turbinen kommendes Wasser „tot" sei?
In Wirklichkeit ist gerade heute nichts nötiger, als in Stadt und Land jeden Regentropfen möglichst an Ort und Stelle zu erhalten. Noch in den nach dem Ersten Weltkrieg entstandenen Gartensiedlungen war es selbstverständlich, Regenwasser von den Dächern in Tonnen aufzufangen und es, von der Sonne erwärmt und von Bakterien belebt, mit der Gießkanne gezielt dorthin zu verteilen, wo es am nötigsten gebraucht wird. Das ist begreiflicherweise unvergleichlich richtiger und wirksamer als das undifferenzierte, gleichmäßige Verspritzen kalten Leitungswassers über die ganze Gartenfläche. So ist das Gießen mit der Kanne wahrscheinlich noch wichtiger als das Mähen mit der Sense. Unter Umständen kann Dachwasser auch über Wasserspeier in offene Steinwürfe geführt und dort versickert werden. Die beste Lösung ist zweifellos das Vegetationsbecken, das angesichts der weitgehenden Austrocknung von Stadt und Land niemals nötiger war als jetzt, weil in der Stadt die meisten kleinen, offenen Gewässer verschwunden und sogar am Land etwa 90 Prozent aller Dorfteiche zugeschüttet worden sind, wo jetzt überdies eine neue Welle der Technisierung, Zentralisierung und damit Abhängigkeit im Gange ist, indem die Bewohner gezwungen werden, an öffentliche Wasserleitungen anzuschließen, auch wenn sich ihre Brunnen durch Jahrhunderte bewährt haben — während zweifellos möglichst dezentrale Wasserentnahme und ebenso dezentrale Wasserrückhaltung das ökologisch einzig Richtige ist.
Die möglichst natürlichen Teiche oder Tümpel oder das Vegetationsbecken sind außerordentlich wichtige Zentren des gesamten Ökosystems — Zentren vielseitigen Lebens, weit über das Wasser hinaus — im Hinblick auf Luftfeuchtigkeit und Kühlung, als Tränke für Vögel und andere Tiere, als Entwicklungsraum für Frösche und Kröten, die wir im ganzen Garten sehen und brauchen werden, — in ihrer „Durch-Sichtigkeit" auch für Kinder überaus interessant und lehrreich. Schließlich sollte man auch nicht vergessen, daß Gewässer in alten Gärten möglichst auch Nahrung geliefert haben, wie die alten ägyptischen Zeich-

81

84

nungen mit ihren großen, rechteckigen, mit Fischen und Wasservögeln besetzten Teichen zeigen, die vom fruchtbaren Wasser des Nils gespeist waren, oder die großen Wasserplantagen chinesischer Deltalandschaften, in denen Krebse und Fische gezüchtet und Enten gehalten werden.

Selbstverständlich müssen Niederschläge, die auf Wege und Terrassen fallen, an Ort und Stelle gehalten, müssen Pflasterungen immer regendurchlässig hergestellt, sollten niemals betoniert oder asphaltiert werden. In der Gartenstadt Puchenau bestehen z. B. alle öffentlichen Fußwege aus 4 cm dicken Waschbetonplatten auf einer 10-cm-Sandschicht; sie sind seitlich von schmalen Streifen begleitet, die teils mit Grobschotter bedeckt, teils mit Bodendeckern und Kleinbäumen bepflanzt wurden, die begreiflicherweise besonders schnell und gut gediehen sind. Diese Art der Erschließung, die Betonplatten, Randsteine und Straßenkanalisation spart, ist unvergleichlich billiger als die übliche.

Natürliche Bäche und Flüsse anstelle betonierter Kanäle, regendurchlässige Pflasterungen anstelle schwerer Beton- und Asphaltdecken gehören zu den wichtigsten Beispielen für die immer wieder übersehene Tatsache, daß richtig verstandener Umweltschutz nicht nur keine Mehrkosten verursacht, sondern gegenüber den üblichen Lösungen bedeutende Ersparnisse bringen kann.

Das gilt besonders auch für das sogenannte „Abwasser", einen Begriff, den vorindustrielle Kulturen kaum gekannt haben dürften, weil sie wußten, daß Wasser nicht verschwendet werden darf und alle Abfälle sinnvoll verwendet werden müssen, damit die ökologischen Systeme, in denen und von denen wir leben, intakt bleiben.

Das ist Bauern heute noch selbstverständlich. Der Brunnen beim Haus bedeutet ebenso wie der Misthaufen im Hof, wie Hühnerställe, Taubenhäuser und Bienenhütten Selbständigkeit und Unabhängigkeit von „Versorgung" und „Entsorgung". Das hat man in alten Kulturen auch in den Städten oft bis ins Detail beachtet: F. H. King berichtet 1911, daß die Chinesen den Mist der Seidenraupen unter die Maulbeerbäume gestreut haben. Die berühmten Taubenhäuser von Isfahan sind nur des Taubenmists wegen gebaut worden, der so kostbar war, daß die Türen der Taubenhäuser vermauert wurden. Auf Tau-

benmist, Wasser und Windschutz durch hohe Lehmmauern beruht die große Fruchtbarkeit dieser Gärten am Rande der Wüste. In mittelalterlichen Städten hatten die „Ackerbürger" einen festen Platz. Eine zeitgenössische Darstellung zeigt 1840 weidende Kühe in der Nähe der Wiener Karlskirche, noch 1960 wurde in den landwirtschaftlichen Betrieben der Gemeinde Wien Viehzucht betrieben – von den Tieren, die Schrebergärtner halten, ganz zu schweigen. Ohne die restlose Verarbeitung aller Abfallstoffe einschließlich der Fäkalien zu Kompost wäre die jahrtausendealte dichte Besiedlung Chinas kaum möglich gewesen.

„Unsere vielleicht größte Verschwendung in der Landwirtschaft wird meist nicht als solche erkannt, sondern vielmehr für ein Produkt und gleichzeitig ein Problem der Stadt gehalten, nämlich die Tonnen von Müll und Abwässern, die verbrannt oder vergraben oder in die Flüsse geleitet werden. Genau diese Art ökologischer Dummheit führte zur Zerstörung Roms. Der Chemiker Liebig schrieb, daß ‚die Kanäle der ungeheuren Metropole im Laufe der Jahrhunderte den Wohlstand römischer Bauern verschlangen.' Der Ertrag der römischen Campagna reichte nicht mehr aus, um ihre Bevölkerung zu ernähren; dieselben Kanäle verschlangen den Reichtum Siziliens, Sardiniens und des fruchtbaren Landes an der Küste Afrikas."
(Wendell Berry, aus „A Continuous Harmony", Harcourt Brace Jovanovich)

„Bedenken Sie zum Beispiel, wie wir mit menschlichen Abfällen umgehen. Da sich das Wachstum städtischer Regionen immer stärker konzentriert, wird viel Energie, einschließlich Forschungs- und Entwicklungsarbeit, in die Entwicklung und Anwendung von Technologien zum Schutz unserer Seen und Flüsse und Küstengewässer vor den Abfällen, die wir in sie hineinschütten, gesteckt. Diese Abfälle sind jedoch selbst wieder reiche Quellen chemischer Energie und können auf dem Wege der Wiederverwertung dem Boden nutzbar gemacht werden, von dem diese Nährstoffe ursprünglich stammen. Sie könnten einen großen Teil der Düngemittel ersetzen, die wir aus fossilen Brennstoffen herstellen, und energieaufwendige tertiäre Abwasseraufbereitung überflüssig machen."
(Senator Mark Hatfield, aus „Energie: Today's Choices, Tomorrow's Opportunity", World Future Society, Washington D. C.)

Der Gartenstadtgedanke Ebenezer Howards, nach dem die Stadt von einem Kranz von Farmen umgeben sein sollte, ist die adäquate städtebauliche Vorstellung.

Die Technik gegenüber jener Verbrauchstechnik demonstriert: Statt Fäkalien mit Trinkwasser fortzuspülen und in zentralen Kläranlagen neu aufzubereiten, ist Migges Trocken-Abort Teil einer dezentral organisierten Abfallwirtschaft, bei der die Fäkalien wieder, zu Dung verarbeitet, in den Kreislauf der Kalorien-Transformation zurückgeführt werden. Kein Wunder, daß auch Loos ein Anhänger des Trocken-Klos ist: „Wir müssen soweit kommen wie die Japaner, die sich für die Einladung zu einem Essen dadurch revanchieren, daß sie den Abort des Gastgebers benützen." Auch der von Migge vielgepriesene „Glasgarten" ist ein Beispiel gebrauchsorientierter Technik: er umgibt z. B. beim Erwerbssiedlerhaus im Winter die drei Sonnenseiten des Erdgeschosses mit einer Pufferzone, die Sonnenwärme sammelt und an das Innenhaus weitergibt, übrigens eine Anordnung, die ebenfalls erst in jüngster Zeit wieder aufgegriffen wurde. Im Sommer kann das Haus auf diesen Klimapuffer verzichten. Dann werden die Fenster herausgenommen und als Abdeckfenster für die Vortriebbeete eingesetzt. Auch das in allen Beispielen erkennbare Konzept der Erweiterung des Innenhauses durch ein Außenhaus aus billigen Schuppen, Loggien, Pergolen und Spalierwänden ist erst in den letzten Jahren wieder in die Wohnungsbau-Diskussion gekommen. Bemerkenswert auch der sehr zurückhaltende Einsatz von Tafelglas, das ja für die Herstellungsfunktionalisten das Material war, um den Purismus ihrer Konstruktionen optisch freizulegen. Bei Migge/Fischer kommen die teuren und wärmetechnisch ungünstigen Fensterbänder und Glaswände ebensowenig vor wie bei Loos. Wenn Glaswände gebaut werden, stehen sie – wärmetechnisch richtig – vor der Gebäudehülle des geheizten Kernhauses und bilden den schon erwähnten „Glasgarten". Das ist in meinen Augen das Erstaunlichste an diesem Funktionalismus: daß er schon in diesen frühen Jahren einen Umgang mit der Technik praktiziert, der erst fünfzig Jahre später als „angepaßte" oder „sanfte Technologie" wieder in die Diskussion gekommen ist.
(Michael Wilkens in „Leberecht Migge")

Arbeiterkleinsiedlungshaus als Reihenhaus mit Regenwassertonne, Spalierobst, Hühnern und Tauben auf kleinstem Raum. H. Tessenow.

S. 81:
Wasserbecken am Eingang der Gartenstadt Puchenau, OÖ.
S. 82:
Links: Wasserspeier speist Vegetationsbecken
Rechts: Katze an einem Wasserbecken der Alhambra
Wildentenbesuch im Gartenteich
S. 83:
Vegetationsbecken und Seerosen
S. 84:
Oben: Ziehbrunnen und Bienenhütte eines kleinen Bauernhauses im Waldviertel
Unten: Besiedeltes Taubenhaus in Esfahan als Zentrum eines fruchtbaren Gartens
S. 85:
Kühe nächst der Wiener Karlskirche in einer zeitgenössischen Darstellung von 1840

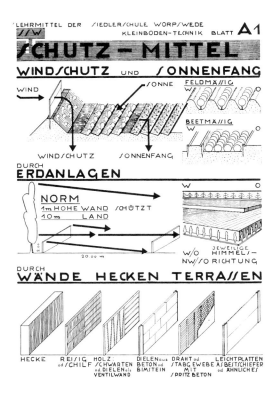
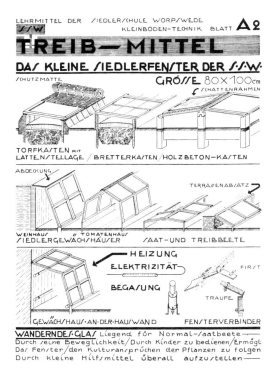

„Die Möglichkeit, mit Hilfe einer Kanalisation die wertvollsten Düngemittel, die der Siedler selbst produziert, wegzuschaffen, muß verboten werden."

„Boden und Klima bereitet sich der Gärtner selbst." Adolf Loos

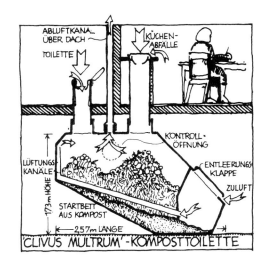

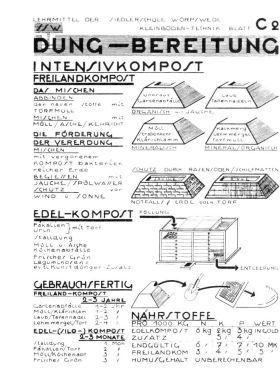

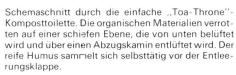

Schemaschnitt durch die einfache „Toa-Throne"-Komposttoilette. Die organischen Materialien verrotten auf einer schiefen Ebene, die von unten belüftet wird und über einen Abzugskamin entlüftet wird. Der reife Humus sammelt sich selbsttätig vor der Entleerungsklappe.

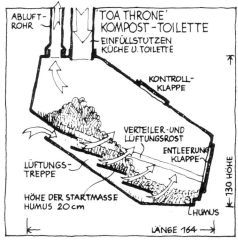

PFLANZENLIEBHABEREI

Warum pflegen unzählige Frauen Tag für Tag mit großer Liebe die Topfpflanzen auf dem Fensterbrett, stellen sie in den Mauernischen iranischer Wüstenhäuser auf wie kleine Heiligtümer oder warum bringen sie inmitten der herben Landschaft finnischer Wälder für kurze Zeit eine kleine farbige Welt von Sommerblumen zum Blühen? Mit ihrer Freude an Form, Farbe, Duft und Wachstum nehmen sie teil an Lebensprozessen, für die sie nur den Anstoß geben, damit die Natur sie in wunderbarer Weise fortführt und vollendet.

Zeitrafferaufnahmen haben die scheinbar langsamen, aber sehr harmonischen rhythmischen Bewegungen sichtbar gemacht, die Knospen, Blätter und Blüten bei ihrer Entfaltung ausführen, — schneller als man glaubt.

„... Jede Pflanze bewegt sich, sagte Francé, denn jedes Wachstum bedeutet Bewegung. Die Pflanzen sind dauernd damit beschäftigt, sich zu beugen, zu drehen und zu schütteln. Er beschrieb, wie sich an einem Sommertag tausende polypenartiger Arme an einer friedlichen Laube emporranken, um für ihren schweren, rasch wachsenden Stengel einen Halt zu finden. Sobald die Ranke, die in siebenundsechzig Minuten eine volle Kreisbewegung ausführt, irgendeinen Stützpunkt gefunden hat, schlingt sie sich innerhalb von zwanzig Sekunden um das betreffende Objekt. Schon nach einer Stunde „sitzt" sie so fest, daß es schwierig ist, sie wieder abzulösen. Dann beginnt sie, sich korkenzieherartig emporzuwinden und zieht so den Hauptstengel zu sich hoch.

Eine Kletterpflanze, die eine Stange braucht, bewegt sich auf die nächstbeste Stütze zu. Versetzt man diese Stütze, so ändert die Pflanze ihre Richtung innerhalb weniger Stunden dementsprechend. Kann sie den Pfahl „sehen" oder ihn auf eine andere, noch unbekannte Weise wahrnehmen? Denn selbst wenn sie ihn — durch bestimmte Abschirmungen gehindert — nicht „sehen" kann, wächst sie unbeirrt auf die verborgene Stütze zu und meidet die Richtungen, in denen sie auf keinerlei Halt treffen würde. Pflanzen sind fähig, meinte Francé, „Absichten" zu haben: Sie können sich nach etwas ausstrecken, sich ihren Weg und ihr Ziel selbst aussuchen..."

Darüberhinaus haben, wie Tompkins und Bird 1974 berichtet haben, amerikanische und russische Forscher mit elektromagnetischen und elektronischen Meßgeräten bisher ganz unbekannte Reaktionen und Fähigkeiten von Pflanzen festgestellt: Daß sie bei Musik und Tanz schneller wachsen und besser gedeihen, daß sie bei Verletzungen „Schmerz" empfinden, bei der Annäherung von Personen in Erregung geraten, die ihnen Schmerz zugefügt haben oder das beabsichtigen, daß sie also auch auf seelische Reaktionen ihrer Betreuer — und sogar unabhängig von der Entfernung von ihnen — reagieren. Der japanische Forscher Hashimotou soll — unter der Kontrolle der Öffentlichkeit — mit Hilfe solcher Geräte „Gespräche" mit Pflanzen geführt haben. Daß Pflanzenliebhaber, wie bekannt ist, mit ihren Schützlingen zu sprechen pflegen, was auch von so berühmten Männern wie Burbank berichtet wird, erhält durch solche Versuche tiefere Bedeutung, ebenso wie vieles verständlicher wird, was in Volksglauben, Volksbräuchen, Märchen und Dichtung im Zusammenhang mit Pflanzen zu finden ist. Dazu gehört z. B. der bekannte Brauch des Setzens eines „Lebensbaums" bei der Geburt eines Kindes, das Absterben von Pflanzen zur Zeit des Todes des ihnen zugehörigen Menschen usw., ebenso wie die Symbolbedeutung vieler Pflanzen als ursprünglicher Grund dafür, daß sie uns auch heute noch bei feierlichen oder festlichen Anlässen aller Art in der verschiedensten Form begleiten müssen.

„... Die Ägypter machten vor den Gräbern

Blumentopf in einer Mauernische eines iranischen Wüstenhofes, wie ein kleines Heiligtum aufgestellt

Gärten für die Seelen der Verstorbenen. Die Formel auf den Grabstelen des Neuen Reiches (1580–1205 v. Chr.) lautete: Möge ich wandeln am Ufer meines Teiches Tag für Tag ewiglich, möge meine Seele sitzen auf den Zweigen der Bäume in meinem Grabgarten, den ich mir bereitet, möge ich mich erfrischen tagtäglich unter meiner Sykomore.

... Nach dem ägyptischen Glauben begrüßte die Totengöttin die Toten unter einem schönen, schattigen Baum mit Wasser und Früchten von diesem Baum ..."
(G. Tergit: Kaiserkron und Päonien rot)

Nichts spielt in der indischen Mythologie eine größere Rolle als die Lotosblume, aus deren Blüten Brahma entstieg, und die das Sinnbild des Herrschens als Sitz Gottes blieb.

Weiße Lilien waren im Mittelalter Sinnbild des Königtums und der Hoffnung, im Mittelalter waren sie als Sinnbild der Reinheit und Unschuld den Engeln und Heiligen geweiht, später waren sie das Wappen der Bourbonen.

Die als Liebessymbol ursprünglich der Aphrodite und Venus geweihte Rose ist auch Sinnbild des Geheimnisvollen und der Verschwiegenheit, war aber im Mittelalter mit seinen Rosengärtchen und Rosenhecken der Jungfrau Maria geweiht, nachdem sie im alten Rom als Sinnbild des Sieges aufs luxuriöseste verschwendet worden war. In China sind Päonien Sinnbilder der Liebe, die seit 2000 Jahren dort gezüchteten Chrysanthemen sind auch das Symbol Japans.

Die Tulpe war in ihrem Ursprungsland Persien Zeichen der Liebeserklärung, später die Wappenblume der osmanischen Sultane, deren Tulpenfeste im 18. Jahrhundert weltberühmt geworden sind:

„... Der französische Gesandte beschrieb 1726 für Ludwig XV. ein Tulpenfest, das Ahmeds Großwesir für seinen Herrn gab: ,,Wenn die Tulpen blühen und der Großwesir sie dem Sultan zeigen will, dann werden zuerst einmal die Stellen, wo blinde Tulpen hervorkommen, sorgfältig durch andere Blumen, die in Flaschen stecken, verborgen. Neben jeder vierten Blume steckt eine Kerze, und an allen Wegen werden Käfige mit vielerlei Vögeln aufgehängt. Die Gitter sind überreich mit Blumen dekoriert, zum Teil in Flaschen, und sie werden von einer unendlichen Zahl farbiger Glaslampen beleuchtet. Diese bunten Lampen werden auch in die Zweige der Bäume gehängt. Die Wirkung dieser Farben und Lichter, die von zahllosen Spiegeln reflektiert werden, ist herrlich. Die Illumination, begleitet vom lauten Klang der türkischen Musik, findet jeden Abend statt, solange die Tulpen blühen. Während dieser Wochen wohnt und ißt der Sultan und sein Gefolge beim Großwesir auf dessen Kosten."
Ein Großwesir kam einmal auf den Gedanken, lebende Schildkröten zu Trägern seiner Lampen zu benutzen. Sie wandelten langsam zwischen den Tulpen. Was ist dagegen der eine Abend, an dem der Parse in Bombay das Aufgehen einer schönen Blume feiert, was ist dagegen das Preisgericht und das Abendbrot der holländischen Honoratioren, wo man statt von Mord und Totschlag von Blumen sprach! In der Türkei, zur Zeit, als man die Blaue Moschee in Konstantinopel baute, feierte man einige Wochen lang nichts als die Tulpen; denn das Fest des Großwesirs war ja nicht alles ...
Es gab Tulpenfeste, bei denen man tanzte und chinesische Schattenspiele zeigte. Die Tulpenfeste wurden wichtiger als die Nationalfeiertage. Sie störten die Staatsgeschäfte und schädigten die Staatskasse." (G. Tergit)

In noch viel höherem Maße schädigte die Tulpenmode die privaten Kassen der Holländer, nachdem Tulpenzwiebel um 1630 zu echten, höchst bezahlten Spekulationsobjekten geworden waren, für die buchstäblich ganze Vermögen geopfert wurden.

Nach G. Tergit waren schon um 1650 neben Tulpen auch Flieder, Roßkastanie, Jasmin und Hibiscus aus Konstantinopel nach Wien gebracht worden. Um 1570 wurde von L'Ecluse Kaiserkrone und Hyazinthe nach Wien gebracht, die um 1700 ebenfalls zu einer hoch bezahlten Modeblume wurde, so daß 1725 rund 2000 verschiedene Hyazinthensorten gezählt wurden. Darauf folgte als Modepflanze die Nelke, die schon 1572 in Wien aufgetaucht war und ab 1660 in Treibhäusern gezogen wurde.

Um diese Zeit begann aber mit der Weltumsegelung Cooks und der Entwicklung des Kolonialismus die Entdeckung der Flora der ganzen Welt, insbesondere der tropischen Länder, mit einer sprunghaften Ausweitung der Kenntnisse und des Interesses an Pflanzen mit ihren unübersehbaren wissenschaftlichen und wirtschaftlichen Auswirkungen. Ein gutes Beispiel dafür ist die Entwicklung der Pflanzensammlung in Kew-Garden, wo 1770 rund 3000 Arten, 1789 rund 5500 Arten und 1813 rund 11.000 Arten gezüchtet wurden.

Inzwischen sind die früheren Lieblingspflanzen mit zunehmenden Klimatisierungsmöglichkeiten auch in Wohnhäusern von Kakteen und Orchideen abgelöst worden – und diesen scheinen nun die gestern noch altmodisch gewesenen Fuchsien und die klassischen ostasiatischen Bonsais zu folgen. Indem wir Pflanzen möglichst gute Lebensbedingungen zu geben versuchen, geben wir sie auch uns selbst: Durch ein Klima voll Sonne, Windschutz, Sauerstoffreichtum und Luftfeuchtigkeit, die wir im „Wüstenklima" der steinernen Städte immer nötiger brauchen.

Goldbandlilie

92

Mit der Verlängerung der Blütezeiten verlängern wir die Kette der Erlebnisse – abgesehen davon, daß das Jahr des Gärtners immer viel länger ist als das Jahr anderer, weil er den Ablauf der Jahreszeiten als unaufhörlich veränderliches Bild der Vegetationsentwicklung vielfältiger und reicher erlebt als andere.

Von dem bekannten japanischen Teemeister Rykiu wird berichtet, daß er mit dem Lehrling unzufrieden war, der den Gartenpfad zu genau von allen Blättern gesäubert hatte, und darum die Bäume schüttelte, damit goldfarbenes Herbstlaub über den Weg gestreut war – Symbol und Erlebnis der Jahreszeit.

„... Gehen, um die Pflaumenblüte nach dem Schneefall zu betrachten, die Chrysanthemen während des Frostes zu besichtigen, die Orchideen während des Regens zu pflegen oder dem Flüstern des Bambus bei der Brise zu lauschen, das sind die Freuden der Muße eines einfachen Landedelmannes, aber auch Augenblicke tiefster Bedeutung für den Gelehrten."
(Aus dem Chinesischen nach Clifford)

Wie ökologisch Chinesen gedacht und empfunden haben, zeigt auch das Wort: „Indem wir Blumen pflanzen, laden wir die Schmetterlinge ein, indem wir Föhren pflanzen den Wind, wenn wir Bananen pflanzen den Regen, und wenn wir Weiden pflanzen, laden wir die Zykade ein."
„Winterblühende" Pflanzen haben die Gärtner immer besonders interessiert: Nicht nur Schneeglöckchen und Winterling, Zwergiris und botanische Krokusse, sondern auch Gehölze wie Winterblüte, Hamamelis, jasminum nudiflorum, viburnum fragrans usw. Vor einem Südfenster können sie schon dann zur Blüte kommen, wenn ringsum noch Schnee liegt, sofern der Wohnraum etwas eingegraben ist, so daß das Erdreich ein wenig von der Wärme der Heizkörper, die Pflanzen darüber von der Reflexion und der Strahlung der Fensterscheiben gewinnen, wie überhaupt die Pflanzen umso näher beim Haus stehen sollten, je früher – oder später – sie blühen, um während kühler Jahreszeit besser aus dem Fenster gesehen zu werden.

Wie große Möglichkeiten das Linienspiel tropischer Vegetation vor einer weißen Haus- oder Hofmauer bietet, zeigen die brasilianischen Gärten von Burle Marx.

Freude an Pflanzen und Verständnis für sie sind so auch auf die Atmosphäre ausgedehnt, in der sie leben: So sind die Windglöckchen zu verstehen, die an den chinesischen Pagoden schon eine leichte Brise hörbar — erlebbar! — machen. Ähnlich verhält es sich mit dem Plätschern des Wassers, das aus dem Wasserspeier noch in ein Wasserbecken fällt, wenn der Regen schon zu Ende ist, und so das Erlebnis eines Sommerregens verlängert.

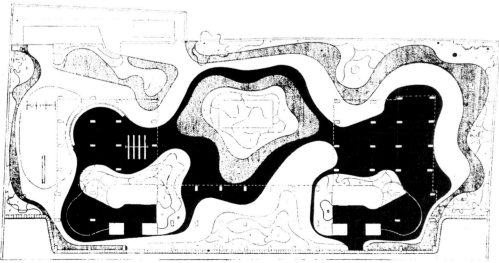

Pflanzen vor einem Haus von Lucio Costa in Rio de Janeiro. Plan eines Gartens um und unter einem Appartement-Haus auf Stützen von Rino Levi in São Paulo. Die dunklen Figuren stellen das Steinmosaikpflaster dar, bekannt als *pedra portuguesa*.

S. 91:
Gärtchen an einem See in Finnland

S. 92:
Links: Azalee im Schnee
Rechts: Botanischer Krokus

S. 93:
Winterlinge und cyclamen coum vor dem Südfenster eines verschneiten Gartens

S. 94:
„Rembrandt-Tulpe", die klassische alte Tulpenform

S. 95:
Datura suaveolens

S. 97:
Orchis

GLASHÄUSER

Am vollkommensten hat man das „Gartenjahr" schon vor 200 Jahren zu verlängern versucht, indem man Glashäuser baute, und ist dabei gleich zu Beginn in den Orangerien mit ihren verglasten Südfassaden und geschlossenen Nordwänden zu optimaler Nutzung der Sonnenenergie gelangt. Hugo Häring hat 1930 in der Wiener Werkbundsiedlung Wohnhäuser nach diesem Prinzip gebaut, das heute als wirksamste Möglichkeit passiver Nutzung der Solarenergie anerkannt ist. 1660 begannen die Holländer, deren Städte heute oft von vielen Quadratkilometern Glashausfläche umgeben sind, die Fensterflächen schräg zu stellen, mit entsprechenden Beschattungseinrichtungen auszustatten und die geschlossene Rückwand mit Warmluft zu heizen. Mobile, abnehmbare Fensterflächen dieser Art hat Friedrich II. auf den halbkreisförmigen Terrassen von Sanssouci angewendet, um Wein und andere empfindliche Pflanzen zu ziehen.

In der Folge hatten die Bemühungen, geliebten und bewunderten Pflanzen auch in einem für sie ungewohnten Klima so viel Licht und Wärme als möglich zu geben, durch die Erfindung der Dampfheizungen ungeahnte Möglichkeiten gewonnen und überdies die Glashauskonstrukteure zu ringsum verglasten Häusern mit immer durchsichtigeren und zarteren Tragkonstruktionen begeistert, und damit zu Pionierleistungen wie dem Londoner Glaspalast, der als vielleicht bedeutendster und wegweisendster Bau des vorigen Jahrhunderts von einem Gärtner aus hölzernen Glasfenstern gebaut worden ist. Früher hatte schon Loudon Glashäuser entwickelt, die in ihrer Zartheit wie Seifenblasen wirken und an Transparenz alles übertreffen, was später gebaut worden ist. 1829 haben W. und D. Bailey in Bretten Hall, vermutlich nach Plänen von Loudon, ein kuppelförmiges Glashaus errichtet, bei dem die Festigkeit des Glases zur Aussteifung des Tragwerks herangezogen wurde:

„... Der Bau, dessen Gesamtkosten an die 14.000 Pfund betragen hatten, war etwa 18 m hoch und hatte einen Durchmesser von 30 m. Der Bau bestand nur aus Eisen und Glas; auch der niedrige Sockel, in dem sich die unteren Lüftungsklappen befanden, war aus Metall. Wie so häufig, handelte es sich auch hier um eine Mischkonstruktion aus Guß- und Schmiedeeisen: Alle senkrechten Stützen waren aus Gußeisen, die Rippen dagegen aus Schmiedeeisen.
Außer den unteren Klappen ließen sich auch die Fenster unter dem Ansatz der oberen Kuppel und ein von der Abschlußkrone verdecktes Oberlicht zur Belüftung öffnen. Ein abseits stehendes Heizhaus erzeugte den heißen Dampf für die im Boden verlegten Rohre.
Loudon betont, daß für die Konstruktion des Baus neben den dünnen Rahmenprofilen von etwa 1.25 x 5.00 cm (½" x 2") keine zusätzlichen Träger benötigt wurden.
Die obere Kuppel wurde allerdings durch eiserne Stützen getragen. Erst mit dem Einsetzen der Glasscheiben erhielt diese Konstruktion die nötige Steifigkeit: „Als das Eisenwerk aufgestellt, aber noch nicht verglast war, konnte der leichteste Wind das Ganze von unten bis oben in Bewegung bringen; dies erzeugte soviel Aufregung auf seiten der Auftraggeber, daß die Bauunternehmer, die Herren W. und D. Bailey aus Holborn, London, versprechen mußten, es für eine gewisse Anzahl von Jahren instand zu halten. Sobald das Glas eingesetzt war, erwies es sich als vollkommen solide und fest ..."
Vieles spricht dafür, daß auch das heute noch bestehende Palmenhaus in Bicton Gardens auf einen Entwurf von Loudon zurückgeht und von der Firma W. und D. Bailey erbaut wurde ..."
(Stefan Koppelkamm: Gewächshäuser und Wintergärten im neunzehnten Jahrhundert)

Sehr im Gegensatz zum heutigen, kommerziell und behördlich gesteuerten „Sicherheitsdenken", das Ehrgeiz und Erfindungsgabe des Konstrukteurs an die Kette von Normen legt, die unter

Schloß Sanssouci mit den für mobile Verglasung eingerichteten Südterrassen

Kaktusblüte in einem kleinen privaten Glashaus

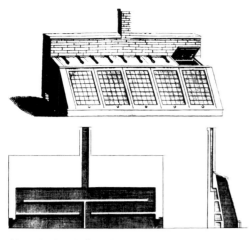

Altes holländisches Treibhaus mit geschlossener und beheizter Nordwand

Kuppelförmiges Glashaus in Bretten Hall, London 1829

Palmenhaus in Bicton Gardens, England

Gewächshaus in Chatsworth, 1836–41, von Paxton

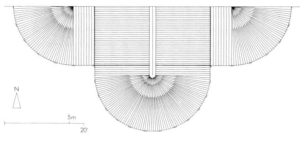

1 Vorderansicht
2 Plan des Dachs

der Dominanz jener Gesellschaften entstehen, die am Verkauf von möglichst viel Eisen und Zement interessiert sind, haben sich die Ingenieure damals nach dem uralten Prinzip gerichtet, höchste statische Leistung bei geringstem Materialaufwand zu erreichen. Schöpferische Entwurfsarbeit hat dabei nicht nur zu bahnbrechenden Konstruktionsideen, sondern auch zu neuen Produktionsmethoden geführt – der Montage von großen Bauten aus in Serie hergestellten Einzelteilen, mit allen Vorteilen raschen Auf; und Abbaues, leichten Transports, usw., aber auch zu bemerkenswerten architektonischen Erkenntnissen.

„... Jedes Gebäude sollte als das erscheinen, was es ist, und jeder Teil eines Gebäudes sollte nach außen auf seinen besonderen Zweck verweisen." An anderer Stelle setzte er die „Schönheiten von Nutzen und Wahrheit" über die bloße Zurschaustellung verschiedener Stile. Die Architektur, eine „Kunst des Geschmacks", füge einem Bau, der den funktionalen Anforderungen genügt, allerdings durchaus noch weitere Schönheit hinzu..."

„... Loudon empfahl daher für den Fall, daß man doch einen Architekten beschäftigen sollte, diesem nahezulegen, sich mit dem Gärtner zu beraten. Als abschreckendes Beispiel führte er ein Gewächshaus an, das „... kürzlich nach den Entwürfen eines der bekanntesten und meistbeschäftigten Architekten des Tages errichtet wurde...", in dem die tragenden Stützen in Palmwedeln enden, die aus grünbemalten Kupferblechen bestehen... (St. Koppelkamm)

Der von Loudon entwickelte Gedanke, die Wände der Glashäuser als gewölbte und gefaltete Flächen herzustellen, um möglichst viel senkrecht einfallendes Sonnenlicht zu gewinnen, wurde von Paxton 1836 in dem mit Recht sehr bewunderten Glashaus von Chatsworth verwirklicht, und nachher im Kristallpalast angewendet, der, innerhalb von neun (!) Monaten errichtet, 560 m lang, 125 m breit und 30 m hoch war. Mit seinem völlig neuen, durchwegs hellen, transparenten und schwerelosen Raumeindruck hat er die Welt und besonders die Architekten des 19. und frühen 20. Jahrhunderts beeindruckt, begeistert und beeinflußt wie kaum je etwas anderes.

Paxton selbst schlug die spätere Verwendung als „Wintergarten" vor und damit war viel mehr erreicht als nur eine ununterbrochene Vegetationsperiode, sondern vielmehr auch die Erfüllung der romantischen Vorstellungen der Zeit von fremden Ländern mit tropischer Flora und Fauna. Es begann die große Zeit der Palmenhäuser und Wintergärten, die rasch die Welt eroberten. Als Zeitsymbol sollten sie im hohen Grad auch Repräsentationsobjekte der Gesellschaft der Jahrhundertwende werden.

"... Sie kamen zum letzen Salon und hatten das Gewächshaus vor sich, einen großen Wintergarten voll hoher Tropenbäume über einem Dickicht seltener Blumen. In dem grünen Dunkel, worin das Licht wie Silberregen stäubte, atmete man die laue Frische feuchter Erde und den Hauch schwerer Düfte. Man hatte das seltsam süße, ungesunde und verzaubernde Gefühl von einer entnervend weichen, künstlichen Natur. Man schritt über moosartige Teppiche zwischen dichtem Gesträuch. Plötzlich erblickte Du Roy zur Linken, unter einem breiten Dom von Palmenbäumen, ein mächtiges Bassin aus weißem Marmor, wo man hätte baden können, und am Rand vier große Schwäne in Delfter Fayence, aus deren halboffenen Schnäbeln Wasser floß. Der Boden des Bassins war mit Goldstaub übersät, und riesige rote Fische schwammen darin, bizarre chinesische Ungeheuer mit vorspringenden Augen und blaugeränderten Schuppen, gleichsam Mandarine des nassen Elements, die über dem Goldgrund gleitend und schwebend an die fremdartigen Stickereien aus dem Reich der Mitte erinnerten.
Der Journalist blieb mit klopfendem Herzen stehen. „Das ist's, das ist Luxus" sagte er sich. „Das sind Häuser, in denen man wohnen müßte."
(Guy de Maupassant, „Bel Ami")

„... Manche dieser Gärten haben gewundene Spazierwege, Fontainen, Grasflecken und Wasserteiche, so daß der einzige Unterschied zu richtigen Gärten der ist, daß Glas zwischen den Baumspitzen und dem Himmel ist; und nichts ist köstlicher, als die milde Wärme und grünende Schönheit im Inneren zu genießen, wenn draußen Frost herrscht und Schnee die Erde bedeckt."
(John Claudius Loudon)

Über Chatsworth wird berichtet:
„Das Skelett des Baus bestand jedoch nicht, ..., aus Eisen, sondern aus Holz; lediglich die Stützen und die Galerie bestanden aus Gußeisen. Die gußeisernen Stützen waren hohl und leiteten das Regenwasser aus den hölzernen Dachprofilen ab, die so neben ihrer Funktion als Dachspanten und Fensterprofile auch noch die einer Regenrinne übernahmen ...
Dieses Verfahren bewährte sich auch beim Bau des Kristallpalastes, dessen „Ridge and furrow"-Dach ebenfalls mit hölzernen Profilen hergestellt wurde. Das gefaltete Dach des Gewächshauses wurde zusätzlich durch gebogene Träger aus laminiertem Holz gestützt. Auch die Träger des Querschiffs im Kristallpalast waren aus Holz. Die Ausmaße des großen Gewächshauses, das bei den Zeitgenossen einiges Aufsehen erregte, werden noch deutlicher, wenn man erfährt, daß bei dem Besuch der Königin im Jahre 1848 die ganze Gesellschaft in offenen Wagen durch den künstlich beleuchteten Bau fuhr. Der Eindruck, den Paxtons Leistung bei den königlichen Besuchern hervorrief, weckte den Wunsch nach einem ähnlichen Bau für den Botanischen Garten in Kew ..."
(St. Koppelkamm: Gewächshäuser und Wintergärten im neunzehnten Jahrhundert)

Trotz all dem können die Bemühungen Paxtons um die Verbreitung von vorfabrizierten kleinen Glashäusern in Zukunft noch viel mehr bedeuten.

„... 1858 ließ sich der inzwischen geadelte Sir Joseph Paxton ein einfaches Gewächshaus aus Holz und Glas patentieren, das die Form eines Zeltes hat und sich zusammenklappen läßt. Da es galt, mit einem solchen Produkt ein Massenpublikum anzusprechen, warb die Firma, die Paxtons Patent vertrieb, auch folgerichtig mit dem Slogan „Hothouses for the Million" (Gewächshäuser für Millionen). Mit fortschreitender Industrialisierung hatte sich ein städtischer Mittelstand herausgebildet, der nun wichtigster Abnehmer der Industrieproduktion war. Auch die Werbung richtete sich daher in erster Linie an diese noch recht neue Zielgruppe ..."
(St. Koppelkamm: Gewächshäuser und Wintergärten im neunzehnten Jahrhundert)

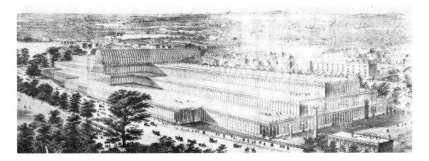

Kristallpalast, London, 1851, von Paxton

Wintergarten in Regent's Park, London, 1846, von Burton und Turner

Jardin d'hiver, Paris, 1847, von Meynadier und Rigolet

  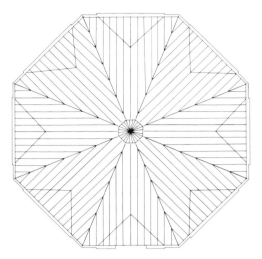

Meise, Jardin Botanique National de Belgique, Wasserpflanzenhaus, 1854, von Auguste Balat

Laeken, Königliche Gewächshäuser, 1865–99, von Balat und Maquet

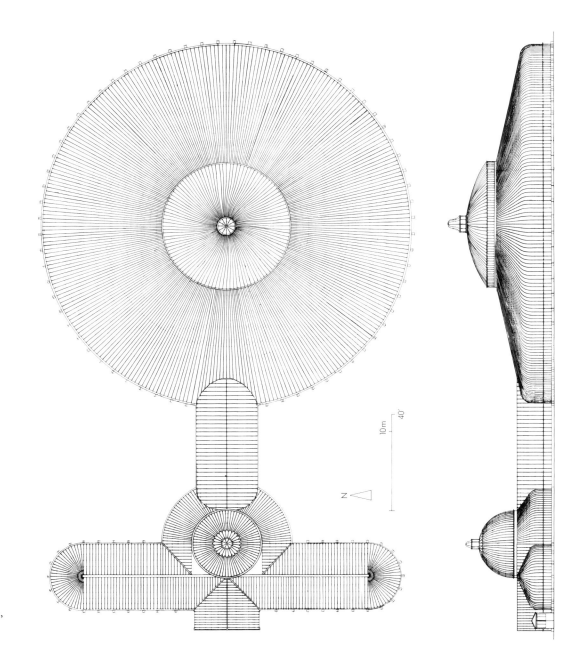

Glasgow, Botanic Gardens, Kibble Palace, 1865–73,
von John Kibble

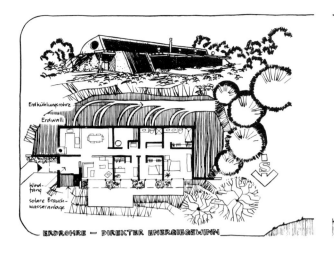 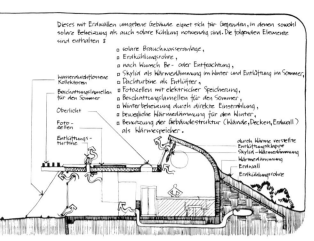

Wir erinnern uns an die Vorschläge Migges mit seinen versetzbaren Fenstern vor den Südmauern. Wir sind damit bei der im Zeichen der Energiekrise in Gang gekommenen Entwicklung zu verglasten Südwänden, zur Wärmespeicherung in Trombewänden usw., mit denen letzten Endes nur die Tradition der Orangerien und frühen holländischen Gewächshäuser wieder aufgenommen und dem Wohnen dienstbar gemacht wird: Die vor 200 Jahren begonnenen Bemühungen, Pflanzen bessere Lebensbedingungen zu schaffen, haben nun zur Verbesserung der Wohn- und Lebensbedingungen der Menschen geführt.

Durch die Energiekrise beschleunigt, entwickelt sich seit einigen Jahren eine neue Technik alternativen Wohnungsbaus, deren Schwergewicht auf der passiven Nutzung von Solarenergie beruht, wenn sie daneben auch Kälteschutz und Kühlung durch Erdaufschüttung oder Windenergie und Faulgase heranzieht.

Von den grundlegenden Arbeiten David Wrights ausgehend, sind vielerlei Kombinationen von Wohnhäusern und Glashäusern entwickelt worden, deren Nordseiten oder Dächer mit Erde überschüttet sind, während die Südseiten für Wohnräume und ihnen teilweise vorgelagerte Glashäuser und Sonnenkollektoren so genutzt werden, daß die in den Glashäusern gewonnene Wärme teils in Wänden und Fußböden gespeichert, teils den Wohnräumen zugeführt wird, wobei entsprechende Vorkehrungen gegen steil stehende Sonne einerseits, gegen Wärmeverlust in kalten Winternächten andererseits nötig sind. Die Erwärmung des Brauchwassers durch Sonnenkollektoren dürfte wohl sehr bald zu einer Selbstverständlichkeit für alle Häuser werden.

Damit kehren die längst bekannten Glasveranden und Wintergärten als Pufferzone zwischen Wohnraum und außen wieder.

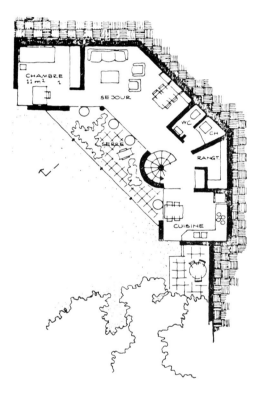 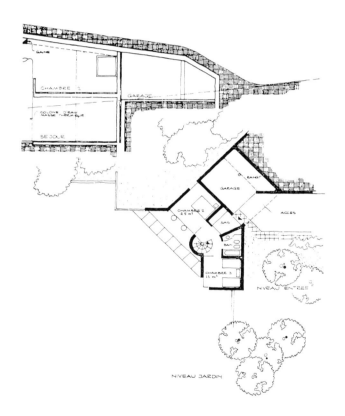

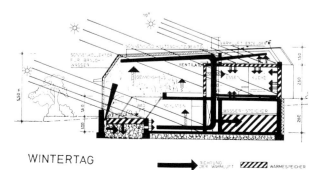 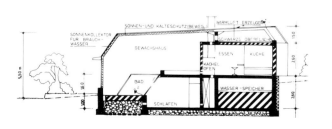

Oben: Von Erdwällen umgebenes Haus, Entwurf David Wright
Mitte: Les Maisons Solaire passive de Veynes
Unten: Wohngewächshaus der Gruppe LOG-ID

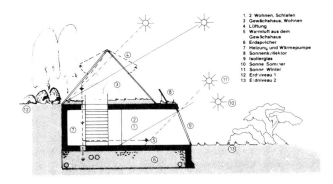
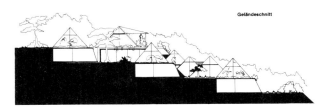

1. 2 Wohnen, Schlafen
3. Gewächshaus, Wohnen
4. Lüftung
5. Warmluft aus dem Gewächshaus
6. Erdspeicher
7. Heizung und Wärmepumpe
8. Sonnenkollektor
9. Isolierglas
10. Sonne Sommer
11. Sonne Winter
12. Erdniveau 1
13. Erdniveau 2

Wohn- und Schlafbereich liegen im Erdreich. Die Südseite ist mit Isolierglas versehen.
Das Gewächshaus steht auf dem Hausdach und bietet Kälteschutz nach oben.
Die überschüssige Wärme aus dem Gewächshaus wird für den Wohnbereich genutzt oder längerfristig gespeichert. Wenn diese Wärme nicht ausreicht, wird zusätzlich auf konventionelle Weise geheizt. Brauchwasser wird mit Sonnenkollektoren erwärmt.

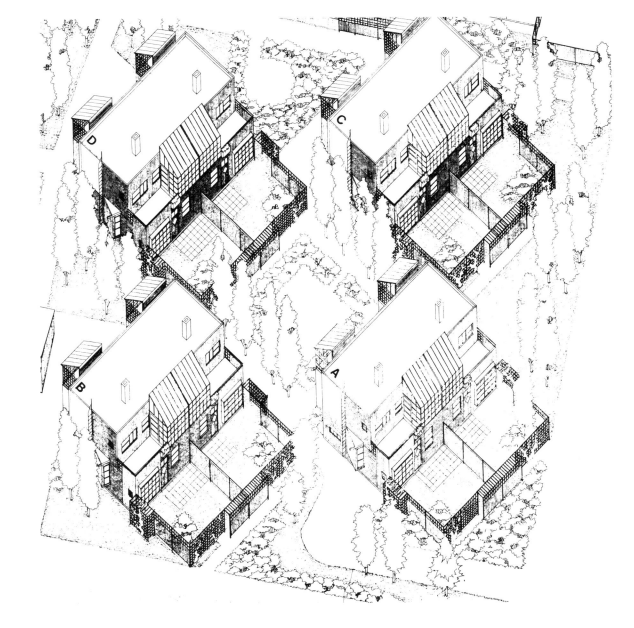

Oben: Glashäuser am Dach, Gruppe LOG-ID
Mitte: Alter Wintergarten
Rechts: Siedlung in Torpparinmaki, Finnland
Architekten: Helin & Siitonen

DIE KLEINEN GÄRTEN

Unter dem täglichen Eindruck der heutigen Städte mit ihren zu dicht und hoch bebauten inneren Stadtteilen und ihren Außengebieten aus allseits freistehenden Einfamilienhäusern vergißt man zu leicht, daß unsere Städte bis um die Mitte des vorigen Jahrhunderts aus aneinandergereihten kleinen Häusern auf schmalen Parzellen mit dahinter liegenden bescheidenen Höfen und Gärten bestanden haben – wie die 8-Millionen-Städte London und Peking bis heute, die überwiegend aus zweigeschossigen Reihenhäusern bzw. aus ebenerdigen Atriumhäusern bestehen.

Wie sehr aber der kleine Garten als Aufenthalts-, Arbeits- und Erholungsraum auch ein Lebensbedürfnis moderner Großstädter ist, beweist nichts besser als der Schrebergarten, den sich die Bewohner der Mietskasernen der „modernen" Städte als Ersatz für die verlorenen Hausgärten selbst geschaffen haben. Dabei handelt es sich auch heute nicht um eine „unmoderne" Angelegenheit alter Leute. Immer häufiger findet man hier junge Leute mit Kindern, die erkannt haben, daß sie in diesen echten, ausgedehnten Fußgängerzonen viel ruhigere und bessere Erholung finden als in einem Auto auf überfüllten Ausfallstraßen und Gasthäusern, und damit beweisen, daß sie nicht zu den Dümmsten gehören. Der Wiener Kleingartenverein „Wasserwiese" hatte 1972 rund 750 Parzellen, auf der Warteliste für die Zuteilung neuer Parzellen standen 400 Namen. Leider wurden z. B. in Wien seit 1945 Zehntausende Kleingärten „abgesiedelt".

Die Bevölkerung scheint sich der großen Vorzüge dieser kleinen Gärten viel klarer bewußt zu sein als die immer wieder von effektvollen Großprojekten aller Art faszinierte „Fachwelt". Ganz im Gegensatz zu den von den Behörden angelegten, hinsichtlich ihrer Benutzung zwangsläufig entsprechend reglementierten öffentlichen Grünflächen und Gartenschauen aller Art gibt der kleine Garten ein Maximum an persönlicher Freiheit: „Der große Park ..., kann nicht dasselbe sein wie das Gärtchen, in das man jederzeit hinaustreten kann, ohne sich erst zum Spaziergang anzukleiden, in dem man Blumen abpflücken kann, ohne ein Verbot zu übertreten, und aus dem man nicht bei Einbruch der Dunkelheit verwiesen wird ...

Der Lebensraum eines Kindes im Kleinhaus mit Garten ist viel weiter als in einer Etagenwohnung. Die Möglichkeit, sich ohne Hemmungen, die im Miethaus bestehen, im Hause und Garten frei bewegen zu können, stärkt schon im Kinde das Gefühl der Freiheit und Unabhängigkeit ...", hat Alexander Klein schon 1930 gesagt.

Im Vergleich zu dem zwangsläufig mehr oder weniger gleichartigen Grün öffentlicher Anlagen wirken die Kleingärten, Bauerngärten und alten Hausgärten mit ihren vielfarbigen, wechselnden Blumen, den Blüten und Früchte tragenden Obstbäumen, den geborgenen Sitzplätzen und mit Schling- und Kletterpflanzen überwachsenen Pergolen und Gartenhäuschen unvergleichlich farbiger, vielfältiger, persönlicher und vitaler.

Wer in den alten Kleingartenkolonien spazierengeht, die sehr oft ausgedehnte dichte Wälder von Obstbäumen über üppig blühenden Blumen bilden – insgesamt viel größer als die bekannten

Einfamilienhaus für Arbeiter

Obstbaugebiete der Wachau oder des Burgenlandes –, der kann in der Mannigfaltigkeit der ganz selbständig, „eigenhändig" und phantasievoll gestalteten kleinen Gartenhäuser wie in der Gestalt der Gärten selbst ein sehr reizvolles Spiegelbild der Persönlichkeit ihrer Besitzer erkennen, die sich diese volkstümlichen Häuschen und Gärten nach ihren eigenen Vorstellungen, Neigungen und Interessen, als ihre „eigene Welt", nicht nur gebaut, sondern auch dauernd gepflegt, kultiviert und weiterentwickelt haben. Sie haben sich dort jene Identität geschaffen, die moderne Architekten heute durch „Partizipation" am Entwurfsvorgang und durch Flexibilität, Veränderbarkeit der Mietwohnung erreichen möchten. Wer sich eine Kleingartenhütte selbst baut, ausbaut und laufend verbessert, wird eine sehr persönliche Beziehung zu dieser von Anfang bis Ende selbständig gestalteten Wohnung haben – und das ist etwas ganz anderes als das Ausfüllen von Fragebögen zwecks Partizipation an der Architektenarbeit bei Miethäusern.

In einem Kleingarten darf der Bewohner der Zinskaserne dagegen immer, und immer von neuem, er selbst sein. Und bei all seiner selbstgeschaffenen kleinen, aber persönlichen Welt belastet er die Wirtschaft und die Öffentlichkeit nicht mit Ausgaben für den Wochenendverkehr, zersiedelt nicht die Landschaft mit Zweitwohnungen und pflegt darüber hinaus seinen Mitbürgern noch kostenlos die großen, in jeder Hinsicht fruchtbaren grünen Lungen der Großstadt, die die Kleingärten bilden – als einziges Beispiel einer Beschäftigung am Feierabend, Wochenende und am Lebensabend, die Gesellschaft, Stadt und Wirtschaft nicht belastet, sondern die in vieler Hinsicht produktiv ist.

In einer Studienarbeit über „Schrebergärten in Wien" schreiben die Studenten der Wiener Technischen Universität, Auböck–Köhler–Mutewsky: „Der Kleingarten fasziniert uns in dieser Hinsicht. Die individuelle Vielfalt an Farbe und Form und die persönliche Beziehung zum Bauwerk steht im krassen Gegensatz zu unserer Stadtwohnung. Er beweist, daß wir selbst gestalten wollen, es sehr gut können und damit Freude haben, wenn die Möglichkeit und Rechtfertigung gegeben ist. Das Basteln und Bauen ist natürlich Notwendigkeit. Der Schrebergärtner baut seine eigenwilligen Konstruktionen nicht der Kunst zuliebe. Der Kleingärtner baut und konstruiert aus den Gegebenheiten heraus. Er paßt seine Idee dem gerade vorhandenen Material an."

Die persönliche und zugleich natürlich-lebendige Umwelt des Gartens selbst aber ändert sich täglich aufs neue, wird unaufhaltsam – von der Natur und vom Menschen – gestaltet und umgestaltet, wobei die Arbeit des Gärtners nur einen Ansatz bildet, den die Natur vollendet.

Leider fallen diese kleinen Paradiese persönlicher Freiheit und Eigenart derselben Reglementierung, Perfektionierung und Kommerzialisierung zum Opfer, der wir die ganze städtische Öde verdanken. Die alten Gärten mit ihren schönen großen Obstbäumen werden von der „Bebauung" verdrängt – von Straßen, Fabriken und Mietskasernen. Was als „Ersatz" „geboten" wird, sieht – oft in viel zu großer Entfernung von den Wohnungen und damit nur mehr zum Wochenendaufenthalt geeignet – vielfach aus wie Regimenter streng genormter, in Reih und Glied aufmarschierender Musterhäuschen hinter dünnen Drahtgittern auf offenen kleinen Gartenflächen, und der so befürsorgte Untertan reagiert prompt mit einer „Gestaltung" mit Mini-Modekoniferen auf einem Mini-Rasen, ganz nach dem Farbfoto des Gartenfirmenkatalogs. Der so „moderne", „arbeitssparende" Garten mit Koniferen, die kein Laub abwerfen, kaum sichtbare Blüten und Früchte tragen, reduziert alle Gartenarbeit und damit auch alle Gartenerlebnisse und Gartenmöglichkeiten – er „bietet" das Gegenteil dessen, was dem Garten einen Sinn gibt!

Die ganze Tragödie der unmerklichen, aber um so durchdringenderen Bevormundung durch eine öffentliche Meinungsmache nimmt auch in diesen Gärten ihren Lauf, die ein letztes persönliches Refugium waren und bleiben sollten, aber auch eine Möglichkeit der Selbstversorgung, der man sich in Krisenzeiten allerdings wesentlich deutlicher bewußt war als heute. Die Schrebergärten der USA lieferten im Jahre 1943 rund acht Millionen Tonnen Lebensmittel, etwa 40% der gesamten Gemüseerzeugung der Vereinigten Staaten. In Deutschland ernteten 1,5 Millionen Kleingärtner auf einem Drittelprozent des landwirtschaftlichen Bodens 12% der gesamten Gemüse- und 14% der gesamten Obsternte! Man vergleiche die Hundertsätze des Bodens und der Ernte! Schon auf 300 m^2 können jährlich bis zu 700 kg Obst geerntet werden. Der Bedarf eines Menschen an Gemüse und Obst könnte nach

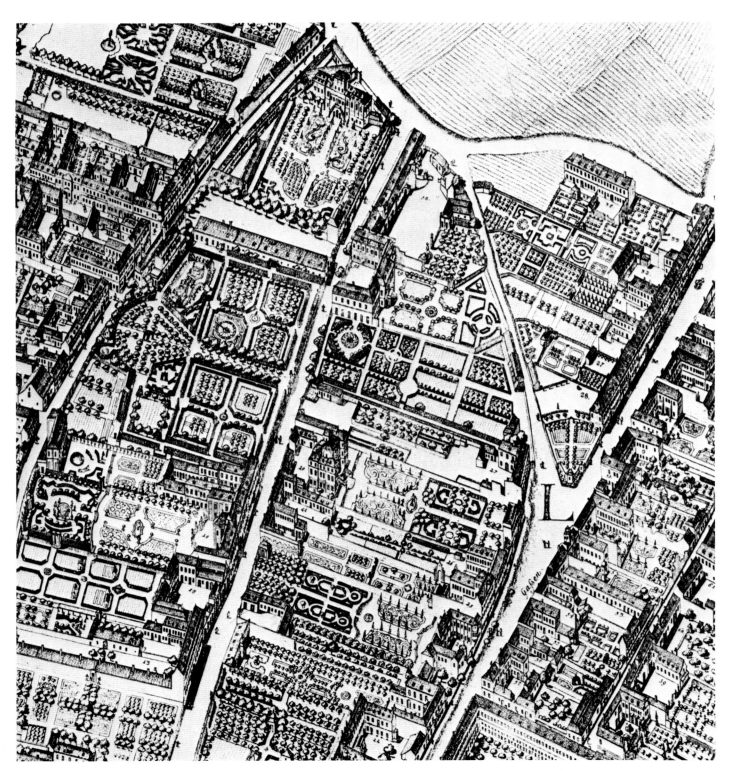

S. 108:
Vogelschau auf Wien von Daniel Huber, 1766, Ausschnitt

S. 109:
Gärtchen auf dem Mont-Saint-Michel, Normandie

S. 110–112:
Wiener Kleingärten

S. 113:
Wiener Siedlungsgärten

S. 114:
Gartenhäuschen eines Pfarrhauses in Niederösterreich

115 Gartenpavillon, Zeichnung von Josef Hoffmann

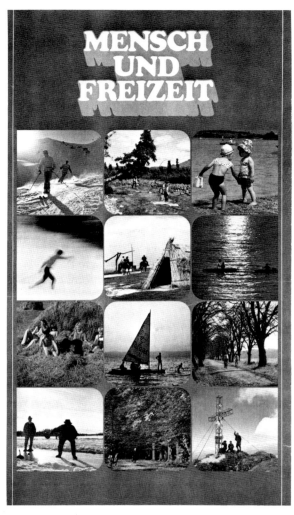

Wiener Freizeitkalender 1976: Fast alle Freizeitbeschäftigungen spielen sich außerhalb der Stadt ab

Kollektive Erholung in einem Stockholmer Park

Migge bei intensiver Kultur auf 100 bis 150 m² Gartenland erzeugt werden.

In der erwähnten, 1972 erschienenen Arbeit der Wiener Studenten wird berichtet, daß in 59% der Kleingärten Gemüse, in 76% Obst geerntet und in 12% Tiere gehalten wurden, während gleichzeitig 62% der Kleingärtner die Erholungsfunktion betonten. 1945 standen nach diesem Bericht in Wiener Kleingärten 470.000 Obstbäume und 1800 Bienenvölker; seither sind mit der Zerstörung Zehntausender Kleingärten 150.000 Obstbäume gefällt worden!

Ob in diesen überaus mannigfaltigen, persönlichen Gärten Blumen, Gemüse oder Obstbäume gezogen, Bienen, Tauben oder Hühner gehalten werden: immer handelt es sich um eine selbständige, aktive und produktive Auseinandersetzung mit Natur und Umwelt, die gerade heute von allergrößter Bedeutung ist: Denn in einer Zeit, in der immer weitere Bereiche des täglichen Lebens von anonymer Organisation und mechanischen Prozessen aller Art ergriffen und persönliche Vorstellungen durch den Einfluß der Massenmedien nivelliert werden, in der im Vertrauen auf die „Machbarkeit" aller Dinge gleichzeitig die grundlegenden ökologischen und biologischen Gesetzmäßigkeiten mißachtet und die natürlichen Lebensgrundlagen von Konsum- und Wegwerfwirtschaft aufgezehrt werden, wäre es von besonderer Bedeutung, daß sich ein möglichst großer Teil der Bevölkerung durch eigene Erfahrung und Anschauung der Unveränderlichkeit natürlicher bzw. ökologischer und biologischer Gesetzmäßigkeiten bewußt bleibt, deren Kenntnisse früher von der vom Land in die Stadt wandernden Bevölkerung immer von neuem mitgebracht wurden. So bietet heute der Kleingarten die Freiheit, ohne Anwendung von Gift und Kunstdünger, ohne Vergiftung von Boden und Wasser mit den natürlichen Mitteln der Kompostwirtschaft hervorragende Lebensmittel zu erzeugen.

Darüber hinaus ist aber das sichtbare Ergebnis eigener Produktivität ein entscheidendes Element seelischer Befriedigung, das die moderne Gesellschaft nur mehr den wenigsten bieten kann. In dieser Zeit, in der so viele Kinder ihren Vater niemals arbeiten, sondern nur abends müde in den Fernsehsessel sinken sehen, und für ein Zeitalter mit immer längerem Feierabend und Lebensabend wäre nichts von größerer gesellschaftlicher, psychologischer und hygienischer Bedeutung als eine in jeder Hinsicht befriedigende, also produktive Freizeitbeschäftigung, die die Allgemeinheit mit möglichst wenig Opfern und Unkosten belastet. Aber bemerkenswerterweise zeigt ein österreichischer Kalender mit dem Thema „Mensch und Freizeit" des Jahres 1976 unter zwölf Freizeitbeschäftigungen keine einzige produktive Tätigkeit, wie etwa Basteln, Werken, im Garten Arbeiten usw. – ganz im Sinne grenzenloser Konsumsteigerung – und ohne Rücksicht darauf, daß Ärzte zum Beispiel Gartenarbeit als die gesündeste Form der Freizeitbeschäftigung bezeichnet haben, was übrigens auch den Garten-Liebhabern selbst sehr wohl bewußt ist. In einem Wiener Kleingarten, dessen „Absiedlung" bevorstand, habe ich einen älteren Kleingärtner sagen hören: „Wenn man uns unsere Gärten nimmt, nimmt man uns nicht nur unser Hab und Gut, sondern auch etliche Jahre unseres Lebens."

Sowohl für die körperliche als auch für die von ihr nicht zu trennende seelische Erholung ist es eben ein großer Unterschied, ob man sich nach eigenem Wunsch seine natürliche Umwelt gestaltet oder auf einer Bank in einer „öffentlichen Grünfläche" sitzen darf, zu deren Pflege man durch Steuern beitragen muß!

In wie hohem Grade im eigenen Garten seit jeher das Gegenteil einer kollektiven Erholung in aller Öffentlichkeit gesucht worden ist, zeigen die alten Gartenhäuschen. Mit einfachsten Mitteln, und doch sehr liebevoll und phantasievoll gebaut – tief im Garten oder an seinem äußersten Rande mit Blick in die Landschaft –, bilden sie Refugien der Ruhe, Stille und Einsamkeit, auf die schon Plinius in seinem Laurentinum nicht verzichten wollte.

Insgesamt trägt die Aufopferung der Kleingärten zugunsten von Autostraßen oder Bauten weder zur Anziehungskraft der Städte und ihrer Urbanität noch zur Gesundung der Bevölkerung und der städtischen Wirtschaft bei. Was würde gegenüber den riesigen öffentlichen und privaten Ausgaben für den Wochenendverkehr die planmäßige Förderung und Entwicklung einer städtischen Gartenkultur kosten und bedeuten, die die Wünsche der schweigenden Mehrheit jener berücksichtigen würde, die auf den Wartelisten der Kleingartenvereine stehen und vor allem jener 78% österreichischer Bevölkerung, die sich das Einfamilienhaus mit kleinem Garten als persönliches Refugium wünschen?

Jeder Garten kann naturgemäß um so besser gepflegt und bewohnt werden, je näher er der Wohnung liegt. Ein verlorener Garten in der Nähe der Wohnung kann durch einen weit entfernten niemals vollwertig ersetzt werden. Der tägliche Aufenthalt im Garten wird damit fast immer zum Wochenendaufenthalt reduziert, der für echte Gartenkultur nicht genügt.

Jeder Kleingärtner ist ein verhinderter Siedler bzw. Gartenstadtbewohner. Wenn befürchtet wird, daß es aus Platzgründen nicht möglich sei, die „Wunschwohnform" der Bevölkerung in der Stadt zu verwirklichen, so zeigt gerade der Kleingarten den einzig möglichen Weg: Die sparsam bemessene, intensiv genutzte Parzelle.

Die Architekten der Gartenstadtbewegung haben das schon um die Jahrhundertwende gewußt. Adolf Loos hat sich eingehend mit dem „Schrebergarten", der „Modernen Siedlung", dem „Wachsenden Haus", dem „Trockenabort" usw. befaßt. Die Entwürfe der Gartenstadtarchitekten zeigen neben Pergolen, Rankgerüsten und Gartenhäusern Gemüsebeete und Obstbäume. Heinrich Tessenow hat dazu sehr schön gesagt: „Die Kleinstadt weiß, daß es auch im Nutzgarten blüht und summt und wild ist, und träumerisch und märchenhaft."

Die weitaus umfassendsten und wegweisendsten Gedanken verdanken wir Leberecht Migge, der die englischen Gartenstädte und das System der ostasiatischen Gartenkultur gekannt hat. Schon vor dem Ersten Weltkrieg war für ihn das „Wachsende Haus", waren Solarenergienutzung durch Südorientierung von Fenstern und Mauern mit Glashäusern ebenso selbstverständlich wie Kompostwirtschaft und Verarbeitung sämtlicher Abfälle einschließlich der Fäkalien. Die Bemerkung in seiner „Gartenkultur des 20. Jahrhunderts", 1913, – „Unsere Hoffnungen auf eine Erneuerung der Gartenkultur müssen auf den Garten des kleinen Mannes gegründet sein", war weniger revolutionär als man glaubt, denn vor dem Industriezeitalter war eine solche Kultur offenbar selbstverständlich, wie alte Darstellungen deutlich zeigen.

Die Versorgungsschwierigkeiten nach dem Ersten Weltkrieg haben diesen Gedanken neuen Auftrieb und der Entwicklung die Richtung zum „Selbstversorgergarten" gegeben. Nach Migges Vorschlägen sollten bei konsequenter Südorientierung an langen, durch Glaswände ergänzten Mauern mit reichlich Bewässerung und Kompostwirtschaft wachsende Siedlungshäuser verschiedener Bewirtschaftungstypen entstehen: „Schrebergartensiedler", „Wohngartensiedler", „Nebenerwerbssiedler" und „Vollerwerbsgärtner" – nach sehr detaillierten Vorstellungen und Angaben, die im Versuchbetrieb „Sonnenhof" in Worpswede entwickelt waren, den Migge als „modernen" holländischen Nutzgarten und alten japansichen Lustgarten in einem" aufgefaßt wissen wollte. Die ein halbes Jahrhundert alten Gedanken Migges wirken heute wie fundiert entwickelte Antworten auf aktuellste Fragen nach alternativen Möglichkeiten des Wohn- und Städtebaus.

In die Zukunft weisen seine Entwürfe aber auch heute noch hinsichtlich ihrer ausgeprägten Räumlichkeit. „Das Verständnis des Gartens als Gebrauchsgegenstand veranlaßt Migge zunächst zu bewußter räumlicher Gliederung. Es entsteht nicht eine – wie am Ende der 20er Jahre propagierte – diffuse ‚Wohnlandschaft', sondern ein bewohnbarer Garten, in dem zimmerartig gegliederte Räume einzelnen Zwecken entsprechend der Grundrißgliederung des umbauten Innenraumes des Hauses zugeordnet werden.

In den Hausgärten aller bedeutenden Kulturepochen kommt ein wohnlicher Charakter, unbeschadet der durch Klima und Sitten begründeten Art der jeweiligen Gestaltung mehr oder minder klar zum Ausdruck. Das macht, die Menschen erinnerten sich früher zumeist, daß ihr, zu Zeiten doch sehr bewegtes, öffentliches Leben nichts mit ihrem Privatleben gemein hätte. Sie schlossen ihr Wohnleben in allen seinen Äußerungen von jeder Kontrolle der Öffentlichkeit bewußt ab: Im klaren Erkennen von Wert und Unantastbarkeit ihres Herdfeuers, von der Heiligkeit ihres Hauses. Dem Hause aber war der Garten ganz und gar innig verbunden: für ihn galten dieselben Anschauungen und Gesetze. Er war eine Wohnstätte. Er war ein Raum." (1908–21)...

Von Migge wird berichtet, daß er alle bewohnbaren Gartenteile im häufigen Wechsel benutzte, mit seinem Zeichenbrett zog er vom Dachgarten in die verschiedenen Höfe und Gartenzimmer.

Die starke Betonung der räumlichen Gliederung

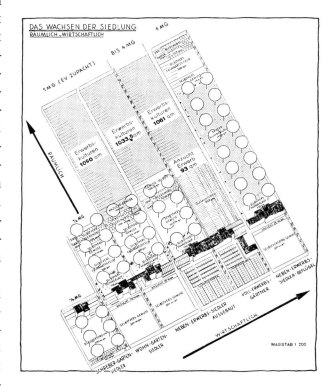

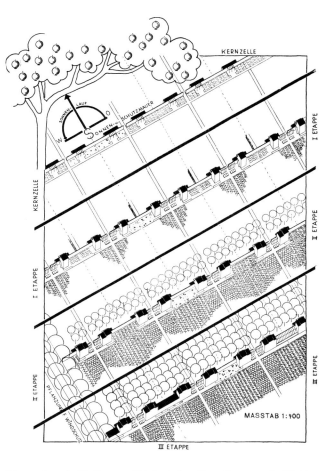

Die wachsende Siedlung auf biologischer Grundlage, von L. Migge

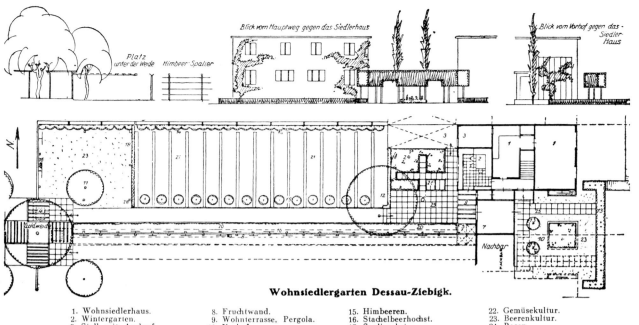

Wohnsiedlergarten Dessau-Ziebigk.

1. Wohnsiedlerhaus.
2. Wintergarten.
3. Stall mit Auslauf.
4. Laube mit Bank und Tisch.
5. Dungsilo.
6. Wirtschaftshof.
7. Schuppen mit Durchfahrt.
8. Fruchtwand.
9. Wohnterrasse, Pergola.
10. Vorhof.
11. Pflaumenhochst.
12. Kirschenhochst.
13. Pappel-Pyramiden.
14. Laubenlinden, geschnitten.
15. Himbeeren.
16. Stachelbeerhochst.
17. Spalierobst.
18. Selbstklimmer.
19. Blütenhecke.
20. Ligusterhecke.
21. Blumenkultur.
22. Gemüsekultur.
23. Beerenkultur.
24. Rasen.
25. Wegefläche.
26. Plattenbelag.
27. Siedlerfenster.
28. Betoneinfassung.
29. Wäschepfähle.

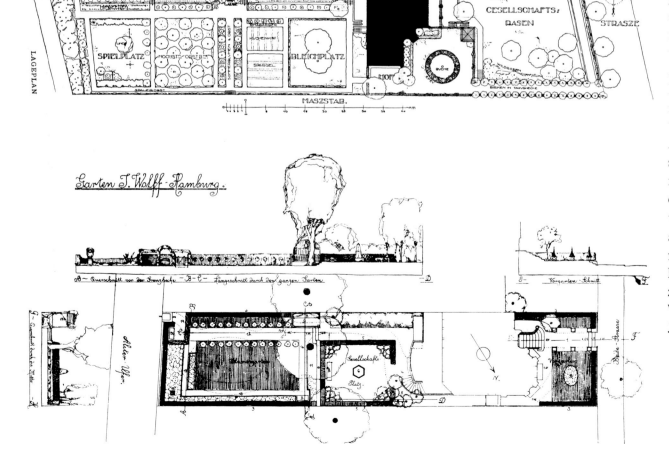

des Gartens läßt sich besonders gut an Migges eigenem Garten im Hamburg-Blankenese erläutern. Im Unterschied zur Tradition der Gartenarchitektur definiert Migge den Vorraum des Wohnhauses, der dem Garten zugeordnet ist, nicht als einen zur Landschaft hin geöffneten Freiraum – also als Verlängerung des Parterre-Motivs der Florentiner Villenarchitektur der Renaissance –, sondern als einen abgeschlossenen, nur fensterartig geöffneten Wohnraum – als „Kinderhausplatz" bezeichnet – für das geschützte familiäre Wohnen. Sichtschutz und Windschutz erlauben in Verbindung mit baulichen Ergänzungen durch Lauben und Sonnensegel vielfältige Formen des familiären Zusammenseins. Bei dem nur 800 m² großen Grundstück können die Raumbegrenzungen zu den Nachbarn und zwischen den einzelnen Gartenteilen nur aus geschnittenen Hecken und Baumwänden mit fensterartigen Öffnungen gebildet werden. Die dabei entstehende architektonische Form erscheint nicht als verselbständigte Ästhetik, sondern als Folge der strengen Sachlichkeit, mit der die zimmerartig gegliederten neun Sondergärten mit jeweils unterschiedlichen Zweckbestimmungen zugeordnet werden. Noch sind die Zweckbestimmungen dieses Gartens nicht nur aus dem familiären Gebrauch – wie im Nutzgarten, Kleintiergarten oder Spielrasen – entwickelt, sondern auch aus rein gärtnerischen Interessen – wie im Birkenhain oder Liliengarten – oder auch aus rein repräsentativen Ansprüchen – wie im Plattenhof des Vorgartens – abgeleitet.

Aber auch in größeren Gärten, in denen der Entscheidungsspielraum für die formale Ausbildung nicht so begrenzt ist wie in den Kleinbürgergärten, entwickelt Migge regelmäßig angewendete architektonische Gartenelemente, die aus der Beobachtung des Gartengebrauchs und der Zweckmäßigkeit ihrer Herstellung abgeleitet werden ..." Migge hat damit einen sehr wesentlichen Beitrag zur Überwindung des „Landschaftsgartens" und Wiedergewinnung klarer Formen im Sinne des Jugendstils geleistet.

S. 119:
Durch Stufen getrennte Garten-Abschnitte

HAUS UND GARTEN

„Ob und wie Haus und Hof in enge und engste Beziehung gebracht ist, das entscheidet gewöhnlich sowohl den absoluten Wert des Gartens als den seines gewöhnlichen Gebrauchs."
(Leberecht Migge)

„Wenn der Park eine zusammengezogne idealisierte Natur ist, so ist der Garten eine ausgedehntere Wohnung..."
(Hermann Fürst von Pückler-Muskau)

Und doch können Haus und Garten auf höchst verschiedene Weise aneinanderstoßen, voneinander getrennt, miteinander verbunden sein oder sich durchdringen:

Ob man über eine breite Marmortreppe zu dem von hohen Säulen flankierten Portal einer Renaissancevilla hinaufsteigt, die über hohem Sockel auf einem Hügel mit weiter Aussicht thront –

ob man über einige Trittsteine im Moos ein unter Bäumen verstecktes Teehaus aus Bambus und Papier erreicht, unter dessen niedriger Türe man sich tief bücken muß, um eintreten zu können –

oder ob man hinter dem schweren Tor einer hohen Hofmauer noch von einer „Geistermauer" aufgehalten wird, die Haus und Hof gegen alle äußeren Störungen schützt –,

das sind sehr verschiedene Prägungen einer charakteristischen und bedeutungsvollen Situation, die gesellschaftliche Auffassungen ausdrücken und entsprechendes Verhalten ermöglichen sollen.

Wie sich Haus, Hof und Garten zueinander verhalten, ist also eine viel grundsätzlichere Frage, als uns im allgemeinen bewußt ist.

Nicht wenige Häuser haben ja weder „Hof" noch „Garten", sondern stehen, wie z. B. in den USA, mitten auf einem offenen Rasenplatz. Vielleicht ist diese Situation das Ergebnis dünner Besiedlung in der Weite eines rasch eroberten Kontinents.

Man erinnert sich an Wrights Vorstellungen der „broad-acre-City" aus gleichmäßig über das ganze Land gestreuten Farmhäusern und seine programmatischen Ausführungen in „Usonien":

„Was Erde als sein wertvolles Erbe bedeutet, hat der Mensch in den zusammengeballten und allesamt zu eng gebauten Städten vergessen. Der eingefleischte Städter sieht sein Glück in der hypnotisch wirkenden Wärme engsten Zusammenlebens oder im Beifall der Menge. Das Gewoge der Massen und das Dröhnen der Maschinen umschwirrt seinen verstädterten Kopf und füllt sein verstädtertes Ohr wie einst der Sang der Vögel, der durch die Bäume rauschende Wind, der Schrei der Tiere oder die Stimmen und Lieder seiner Lieben sein Herz erfüllt haben.

Aber in dieser seiner Lage kann er aus der Maschine, zu welcher seine Stadt geworden ist, nicht mehr herausholen als eben noch mehr Maschinenwerk. Der eingefleischte Städter ist Makler, Verkäufer von Maschinenteilen, Handelsmann, der um des Profits willen menschliche Schwächen nützt, Spekulant, der die neuen Ideen und Erfindungen anderer ausbeutet. Er zieht an Hebeln und drückt auf Knöpfe, um Ersatzkräfte herbeizurufen, die ihm nur durch technische Kunstgriffe dienstbar geworden sind.

Villa Rotonda, von Palladio

Er ist ein Parasit des Geistes, dieser Derwisch, der sich in rasendem Wirbel um sich selbst dreht, ja, der versessen ist auf rasenden Wirbel.
Den eingefleischten Städter versetzt das beständige Hin und Her in eine fieberhafte Erregung und läßt ihn nicht zu dem tieferen Nachdenken und zu der Besinnlichkeit kommen, die ihm einst eigen waren, als er unter dem reinen Himmel lebte inmitten einer grünen Welt, in die er hineingeboren war..."
Die meisten Häuser Wrights stehen auch nicht in einem Garten, sondern an einer besonderen, durch Bäume, Felsen oder einen Wasserfall charakterisierten Stelle der Landschaft, zu der sich die Fenster der großen Wohnräume weithin öffnen. Über bepflanzten Sockeln und Terrassen erhebt sich das Haus über seine Umgebung, während abgeschlossene Höfe und Gärten, wenn überhaupt, dann mehr oder weniger untergeordnet zwischen Nebentrakten entstehen.
Auch die großen Villen der Renaissance mit ihrer Tempelarchitektur stehen auf mehr oder weniger hohen Sockeln — man muß zu ihnen hinaufsteigen.
Für die diesem Typus folgende repräsentative „Villa der Oberen Zehntausend" hat man in den Bebauungsplänen für die „Cottagviertel" der Gründerzeit die „offene Bauweise" mit so großen Grundstücken festgesetzt, daß Distanzierung von Nachbarn und Straße ausgedrückt, aber gleichzeitig eine möglichst gut sichtbare, repräsentative Schauseite zur Straße geboten wird. Dazu sind offenbar die durchsichtigen Vorgarteneinfriedungen festgesetzt worden, an denen viele Bauordnungen merkwürdigerweise bis heute auch für die Kümmerform des „Eigenheims" festhalten. Unter diesen Umständen bildet das freistehende Einzelhaus inmitten eines kleinen Grundstücks die Summe der denkbaren Nachteile: Anstelle von Wohnraum im Freien tritt ein mehr oder weniger repräsentatives, offenes „Grün" nach allen Seiten, dessen geringe Brauchbarkeit die großen Aufwendungen für Boden, Erschließungs- und andere Kosten kaum mehr rechtfertigt.
Das seine Umgebung beherrschende, über sie herausgehobene Haus mit weitem Ausblick aus hochliegenden Wohnräumen ist begreiflicherweise eine Lieblingsvorstellung der Bauherren und Architekten geblieben — auch in einer neuen Prägung als Ferienhaus. Man wird sich aber keine Illusionen darüber machen können, daß das alles mit zunehmender Gefährdung der Landschaft durch immer weiter ausufernde Streusiedlung künftig immer seltenere Ausnahme sein wird.
In solchen Fällen werden Wohnungen von Großstädtern mit möglichst „unberührter" Landschaft konfrontiert. Daß Le Corbusiers Häuser dieser Art von türkischer Wohnkultur beeinflußt sind, oder Plischkes Haus am Attersee von japanischen Architekturdetails, ändert nichts am Kontrast zwischen dem Lebensstil der Bewohner und dem Charakter der Umgebung. Das zeigt die Villa Savoy besonders deutlich, die als artifizielle Demonstration moderner Architektur auf einem Hügel in einer Wiese vor einem inzwischen verschwundenen Waldrand steht: Anstelle der an einem Hof im Erdgeschoß liegenden Ställe und

Martin House, Buffalo, von F. L. Wright

Wagner, Villa Hüttelbergstraße

Le Corbusier, Villa Savoy

Plischke, Haus am Attersee

Winterküchen des türkischen Vorbildes ist allerdings etwas ganz anderes, die mitten in einer Wiese liegende Garage getreten, während man in den Wohnräumen und auf den Terrassen der Oberschosse wohnt. Und die unveränderte bäuerliche Nutzung des Geländes rings um das von seinem Hügel abgehobene Haus Plischkes am Attersee zeigt den Gegensatz zwischen dem Leben innerhalb und außerhalb des Hauses anschaulich.

Anders scheint es bei den das Landleben und die Landwirtschaft liebenden Römern gewesen zu sein. Der jüngere Plinius berichtet z. B. über sein Laurentinum, das nicht nur ein etwa 100 Kilometer von Rom entfernter Wochenendsitz, sondern auch ein bewirtschaftes Landgut war:

„Mein Haus dient dem Gebrauch und nicht dem Prunk... Der Garten enthält hauptsächlich Feigen- und Maulbeerbäume, für die dieser Boden besonders günstig ist. Hier befindet sich ein Speisezimmer, von dem man — obgleich es von der See weit entfernt ist — eine Aussicht hat, wie sie nicht schöner sein kann. Hinter diesem Raum befinden sich zwei Zimmer, deren Fenster auf den Eingang des Hauses und auf einen gut ausgestatteten Gemüsegarten schauen. Darauf kommt man in eine Art Kreuzgang, von dem man meinen kann, daß er für die Öffentlichkeit bestimmt ist. Er hat eine Reihe Fenster auf jeder Seite; bei schönem Wetter öffnen wir sie alle, und wenn der Wind weht, schließen wir jene der Windseite und sind völlig geschützt. Diesem Säulengang gegenüber liegt eine vom Duft der Veilchen erfüllte und vom Widerschein der Sonne erwärmte Terrasse. Ein wirklich erfreulicher Platz im Winter und noch mehr im Sommer, denn dann wirft der Portikus am Vormittag Schatten auf die Terrasse, während wir uns am Nachmittag in seinem Schatten auf der Übungsbahn oder in dem anstoßenden Teil des Gartens ergehen können..."

Hier ist die Umgebung zur „ausgedehnteren Wohnung", zu einem unter Beachtung von Klima und Boden angelegten Wohn- und Nutzgarten geworden. Das ist aber auch unter viel bescheideneren Verhältnissen möglich, und vielleicht um so leichter, je kleiner das Grundstück ist und war daher der Normalfall für die städtischen Häuser der vorindustriellen Zeit. Das zeigen die Bilder alter städtischer Hausgärten, die als Wohnräume im Freien aufgefaßt und gestaltet waren. Mit einer heute leider verlorengegangenen strengen Konsequenz in allen Details haben sie mit einem Minimum an Raumaufwand ein Maximum an Nutzbarkeit, Räumlichkeit und damit auch Wohnlichkeit geboten. Dazu gehören Einfriedungen durch Mauern, dichte Holzzäune oder geschnittene Hecken. Das Schneiden der Hecken ist auch biologisch richtig, weil durch die so entstehende dichtere Belaubung die Oberfläche und damit der Windangriff und die Verdunstung verringert wird, wie die hochalpine Flora deutlich genug zeigt. Zu diesen Hausgärten gehören die kleinen Gartenhäuschen, aber als charakteristisches Beispiel auch Hochstammrosen, die den jetzt so verbreiteten Buschrosen nicht nur deshalb vorzuziehen sind, weil man ihre Kronen und Blüten in Augenhöhe leichter betrachten und pflegen kann, sondern weil sie auch so gut wie keinen Platz brauchen, weil unter ihnen noch anderes wachsen kann. Daß eine meilenweit von jeder Wildrose entfernte Züchtung als „Busch" „natürlicher" wirke, gehört zu den so naiven wie erfolgreichen heutigen Irrtümern. Auch die Spiegelung der Hochstammrose in einer in Augenhöhe aufgesteckten Glaskugel gehört zur bewußten optischen Bereicherung und Gestaltung eines bewohnbaren Raums im Freien, der ja auch nicht nur aus Pflanzen, nicht nur aus „Natur" besteht, obgleich er ihr z. B. in Blumen- und Kräutergärten Platz zu möglichst freier Entwicklung einräumt. Und der Kontrast zwischen Farbe und Form der Blütenstauden und geschnittenen Taxushecken, vor deren ruhigem, dunklem Hintergrund sie sich wirkungsvoll abheben, gehört z. B. zu den alten gärtnerischen Gestaltungsmitteln, die etwa in englischen Gärten noch vollendet beherrscht werden.

Besonders englische und chinesische Gärten zeigen anschaulich, daß die Größe eines Gartengrundstücks nicht zur Vergrößerung der Raumdimensionen, sondern zur reicheren Gliederung, zur Bildung mehrerer Abschnitte, also zur Vermehrung und Differenzierung der Raumerlebnisse genutzt werden kann. Man denke an die späten chinesischen Gärten oder an Sissinghurst mit seinen bescheidenen, durch verschiedene Blütenfarben charakterisierten Abschnitten,

Hausgärten des Mittelalters und Biedermeiers

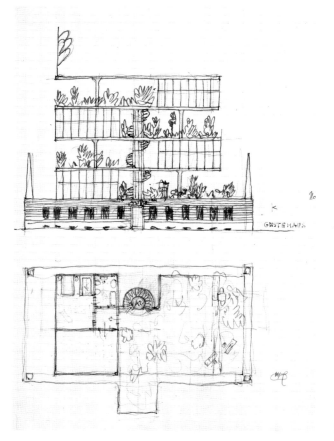

Josef Hoffmann, Gästehaus der Stadt Wien

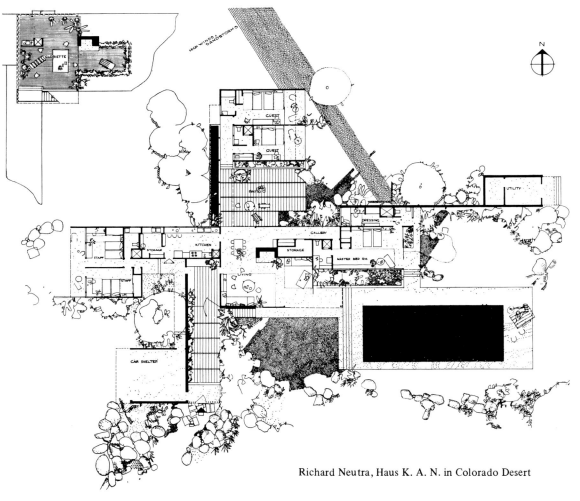

Richard Neutra, Haus K. A. N. in Colorado Desert

deren Vorläufer vielleicht die „Farbengärten" Läugers zur Zeit des Jugendstils waren. Die Gliederung und Differenzierung der Gartenräume hat ja auch Migge sehr bewußt praktiziert, dessen Gärten ebenfalls in verschiedene Abschnitte verschiedenen Charakters und für verschiedene Widmungen gegliedert waren.

Und wenn die großen, luxuriösen Stadthäuser des alten China und der römischen Antike von mehreren Gärten und Höfen durchsetzt waren, ist damit jene Durchdringung von Wohnräumen in- und außerhalb des Hauses verwirklicht, die der Bewohnbarkeit am besten dient und auch von modernen Architekten wie z. B. Le Corbusier oder Josef Hoffmann in verschiedenster Weise gesucht worden ist. Ein wiedergewonnenes Gefühl für ausgeprägte Räumlichkeit gehört ja zu den wesentlichsten Beiträgen des Jugendstils zur Gartenkunst.

Die immer gesuchte Einheit von Haus und Garten ist vielmehr eine Frage des gesamten räumlichen und gestalterischen Konzepts, mehr eine Frage der Grundrisse von Haus und Garten als der Dimensionen der Fenster, „der Panoramascheiben".

Neutra hat in seinen kalifornischen Häusern den Freiraum ringsum durch weit ausgreifende Trakte gegliedert und auf das Haus bezogen.

Trotz der begreiflichen Faszination der großen Häuser und der großen Gärten wird die Suche nach den Gesetzmäßigkeiten einer durchdachten Nutzung und Gestaltung beschränkten Raums, werden die kleinen Gärten und Gartenhöfe der Reihen- und Atriumhäuser die aktuellste Frage bleiben. Bei ihrer Beantwortung stoßen wir auf den sehr wichtigen, alten Typus des am Nordrand einer Parzelle stehenden, nach Süden zur Sonne geöffneten und solcherart auch den Garten schützenden Hauses, wie es schon die alten chinesischen Häuser zeigen, wie es Hugo Häring auf der Wiener Werkbundsiedlung 1932 ausgeführt, Philipp Johnson später grafisch dargestellt hat, und wie es schließlich 1960 und 1970 in der Gartenstadt Puchenau zu einem wichtigen und bewährten Typus geworden ist — weil sich solcherart die Gesichtspunkte der Gewinnung von Sonnenwärme für Haus und Garten, des besten Schutzes des Gartenraums und der besten und bequemsten Verbindung von Wohn- und Gartenräumen decken.

Die an der nördlichen Nachbargrenze stehenden Häuser müssen im Hinblick auf die Besonnung der angrenzenden Nachbargärten möglichst niedrig und im Hinblick auf Vermeidung von Einblick in Nachbargärten möglichst fensterlos sein. Dazu wurden in Puchenau Haustypen mit versetzten Geschossen entwickelt, die von einem auf der Nordseite liegenden Zwischengeschoß zugänglich sind, von dem ein etwas tiefer liegendes, nach Süden gewendetes Wohngeschoß mit dem vorgelagerten Hof und ein darüber als Sonnenschutz vorspringendes Obergeschoß erreichbar und überblickbar sind. Durch solche Versetzung der Geschosse werden unmittelbar oder jenseits eines Wohnweges liegende Parzellen am wenigsten beschattet und eingesehen.

Die grundlegende Voraussetzung für Besonnung von Häusern und Gärten ist – selbstverständlich! – die richtige Orientierung der Häuser zu den Himmelsrichtungen, die bis in die letzte Zeit viel zu wenig beachtet wird; weder in den Bebauungsplänen noch in den sonstigen Bauvorschriften. Die meisten Bauordnungen kennen zum Beispiel das Wort „Sonne" gar nicht! Und auch die „Belichtung" wird immer nur im Hinblick auf Innenräume, nicht auf Außenräume beurteilt, als ob es gleichgültig wäre, ob die Bebauung den Bewohnern besonnte Gärten bietet oder solche, die im Schatten liegen!

Eine in meinem Auftrag als Stadtplaner von Wien 1961 erarbeitete Gegenüberstellung der Beschattung der Freiräume durch verschieden orientierte Bebauung zeigt deutlich, wie viel weniger Schatten ost-west-verlaufende Zeilen mit Süd- und Nordfassaden werfen als die vielfach immer noch als zweckmäßig betrachtete Orientierung mit Fronten nach Westen und Osten! Bevor die richtige Orientierung der Bebauung zur Sonne nicht zum entscheidenden Kriterium wird, dürften wir weder gesunde noch psychologisch erfreuliche, noch energiewirtschaftlich sinnvolle Lösungen erwarten.

Die Bepflanzung von Gartenräumen und ihre Beziehung zu den gebauten Räumen wird erleichtert und gesteigert, wenn Höhenunterschiede des Geländes nicht nur zur Terrassierung der Gärten, sondern auch zur Staffelung der Innenräume genutzt werden, wie das u. a. Entwürfe von Josef Frank oder ein in Wien-Hietzing 1970 entstandenes Haus in einem steilen Nordhang

Südorientierte Häuser in der Wiener Werkbundsiedlung von H. Häring, 1931

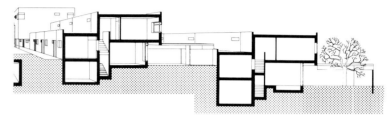

Häuser mit versetzten Geschossen, Gartenstadt Puchenau

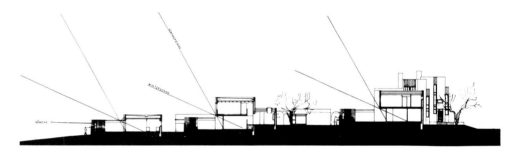

Südorientierte Häuser der Documenta Urbana, Kassel

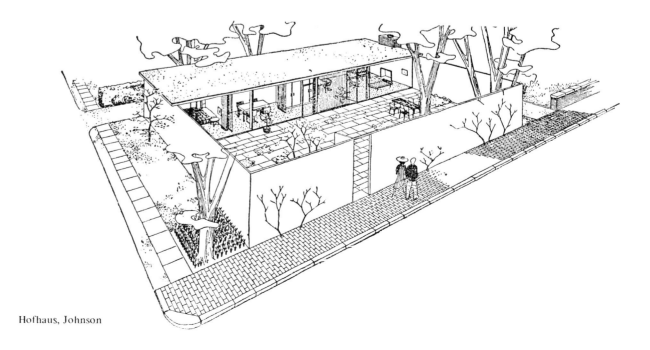

Hofhaus, Johnson

Besonnung und Beschattung der Freiräume

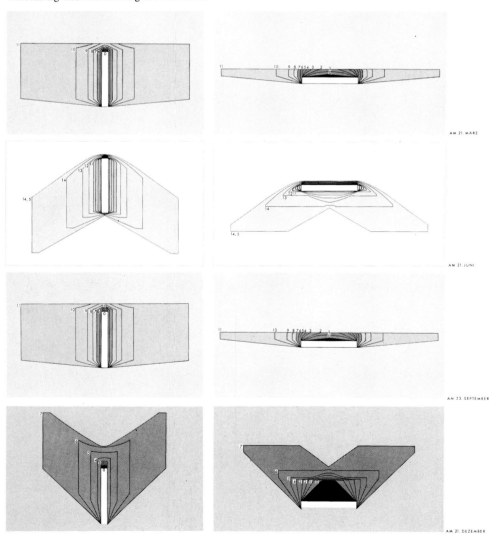
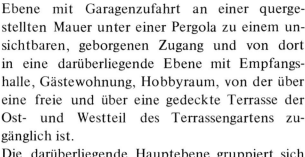

zeigen: Dort gelangt man in einer unteren Ebene mit Garagenzufahrt an einer quergestellten Mauer unter einer Pergola zu einem unsichtbaren, geborgenen Zugang und von dort in eine darüberliegende Ebene mit Empfangshalle, Gästewohnung, Hobbyraum, von der über eine freie und über eine gedeckte Terrasse der Ost- und Westteil des Terrassengartens zugänglich ist.

Die darüberliegende Hauptebene gruppiert sich um ein Atrium, in das nur die Wipfel hoher Fichten hereinschauen, ferner vier Schlafräume, ein Eßraum und die Küche derart, daß man von den Schlafräumen sowohl in das Atrium als auch nach Westen, Osten und Norden weit über die Stadt blickt, während der Eßraum durch eine breite Terrasse nach Süden mit Blick in den alten Obstgarten erweitert wird. Ein halbes Stockwerk höher liegt der eigentliche Wohnraum mit einem großen Fenster nach Norden mit weitem Blick über Wien und einem vorspringenden Eckfenster nach Süden und Osten. Aus diesem Wohnraum blickt man nicht zuletzt auch unmittelbar auf den etwas tiefer liegenden Eßplatz, in das Atrium und auf die von unten heraufführende Treppe. Dieser Hauptwohnraum besitzt unmittelbare Ausgänge sowohl in eine östliche Gartenterrasse mit weiter Aussicht als in den Obstgarten und eine anschließende Erschließungsstraße.

Solcherart sind vier verschiedene Ebenen innerhalb des Hauses mit noch zahlreichen Ebenen im Garten verbunden, der in seiner Gesamtheit von der Wetterseite her durch hohe Bäume geschützt ist. Weit vorspringende Wasserspeier führen die Niederschläge in offene Becken, um auch solcherart die Einheit von Haus und Garten herzustellen.

So ist das über seine Umgebung und den Garten herausgehobene durch das in den Garten, in das Gelände hineingebaute Haus abgelöst worden. Und im Zuge zeitgemäßer Bemühungen um Energiefragen, insbesondere um passive Nutzung von Solarenergie, um natürliche Erwärmung und Kühlung, kommt es darüber hinaus in letzter Zeit zur ganz anderen Lösung, zu dem — besonders auf seiner Nordseite — in den Garten eingegrabenen Haus. Solche Lösungen ergeben von selbst die augenfälligste Ein- und Unterordnung unter Vegetation und Landschaft. Und die von Norden her ganz mit Erde überschütteten Häuser, die Davit Wright wiederholt gezeigt hat, lassen schließlich das Haus mit Ausnahme einer nach Süden gewendeten Fensterwand fast ganz verschwinden.

Über die wärmetechnischen Vorteile solcher Lösungen hinaus ergibt ein teilweise eingegrabenes Haus aber auch im Innern eine neue Beziehung zur Vegetation, die man unter solchen Umständen von innen her in Sitzhöhe oder in Tischhöhe unmittelbar vor Augen hat, und die andererseits durch die in das Erdreich abstrahlende Wärme bessere Lebensbedingungen gewinnt, so daß vor Südfenstern dieser Art oft schon im Februar ein Teppich von Frühjahrsblühern aus einem beschneiten Garten herausleuchtet.

Der Blick aus dem Haus in den Garten wird im übrigen um so überzeugender sein, je weitgehender die räumliche Ordnung des Gartens mit dem inneren Raumkonzept des Hauses übereinstimmt, — wenn z. B. in einem Sommerhaus alle Hausmauern, Hof- und Stützmauern aus roh behauenem, alle Pflaster im Inneren und den Höfen aus gesägtem Kalksandstein bestehen, oder wenn für Hausmauern, Gartenplätze, Treppen und Stützmauern aller Art die gleichen Ziegel verwendet werden können. Ein Haus aus dunklem Material, aus Holz oder Ziegeln wird sich besonders einem Garten mit dichtem Baumbestand viel unauffälliger einordnen als ein weißes oder hell verputztes.

Auf der Verwendung bodenständigen, in der Landschaft sichtbaren Materials wie Lehm, Stroh, Holz und Naturstein beruht die selbstverständliche Einheit der alten Siedlungen mit der Landschaft.

Bindungen und Rücksichten solcher Art bestehen zweifellos um so weniger, je städtischer der Gesamtcharakter, je kleiner die Parzellen, je höher und dichter die Bebauung ist, je mehr es sich um die „Möblierung" gepflasterter Höfe mit Kübelpflanzen, einzelnen Bäumen, Blütenstauden usw. handelt — wobei allerdings Nadelbäume um so sinnloser sind, je kleiner der Hof ist, den sie auf Kosten von Wohn- und Bewegungsraum ausfüllen, ohne ihm nennenswerte Vorteile durch Schatten, Blüten, Früchte usw. zu geben.

Sowohl für die räumliche als auch für die funktionelle Einheit von Haus, Hof und Garten sind schließlich möglichst nahtlose Übergänge ohne

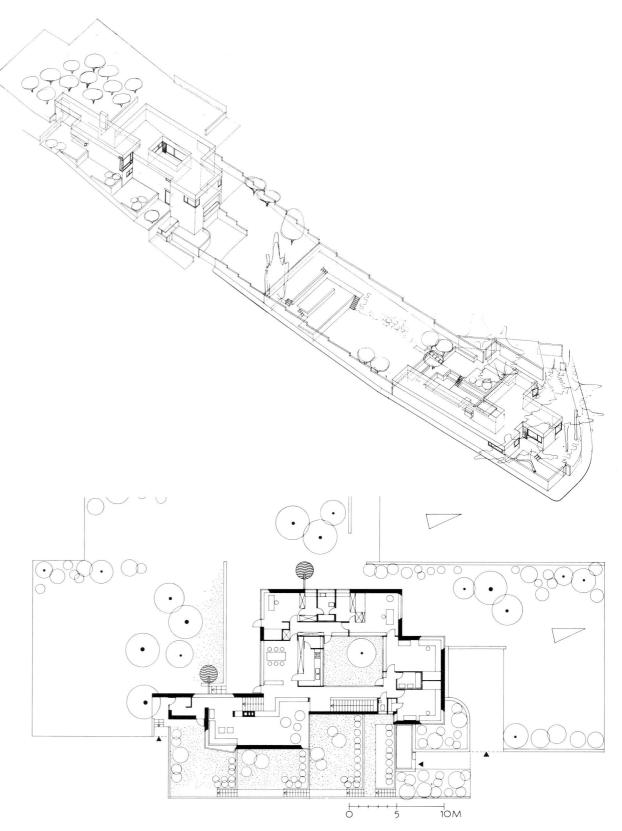

Haus a. B., am Nordhang, Wien-Hietzing

Niveauunterschiede, d. h. ohne Stufen nötig. Das ist leicht zu erreichen und für die Raumeinheit von Haus und Garten viel wesentlicher als etwa gleiche Bodenmaterialien innerhalb und außerhalb des Hauses. Die innere Gliederung des Hauses kann und soll in einer entsprechenden Gliederung des Gartens ihre Entsprechung finden, wenn z. B. der Mulde des Wohngartens eine vertiefte Gartenterrasse vorgelagert ist, wenn Gartenräume durch Mauern gebildet werden, die in Material und Maßstab denen des Hauses entsprechen oder sie fortsetzen, wenn der Garten in verschiedene Raumabschnitte gegliedert ist oder durch Mauern oder Baumgruppen getrennt und durch Tore verbunden wird, die die Bäume über Wegen bilden, die man zwischen ihnen hindurchgeführt hat.

Garten in Wien-Hietzing:

S. 130:
Blick aus dem Fenster auf die Gartenterrasse, die aus denselben handgeschlagenen Ziegeln besteht wie das Haus und die Terrassenpflasterung

S. 131:
Einheit von Innen- und Außenräumen, der Mulde des Wohnraumes entspricht die Mulde der Gartenterrasse

S. 132:
Links: Blick auf den Garten
Rechts: Blick auf den Eßplatz

S. 133:
Links: Im Vorfrühling
Rechts. Im Sommer

S. 134:
Unten: Blick von Norden auf den Garten mit blühenden Magnolien und Kiefern im Hintergrund
Oben: Detail mit blühenden Tulpen, Päonien und Glycinien

S. 135:
Die Magnoliengruppe mit dem torartigen Durchgang trennt die Gartenabschnitte

Verzahnung von Innen- und Außenräumen – Räumliche Einheit von Haus und Garten, Wien-Hietzing

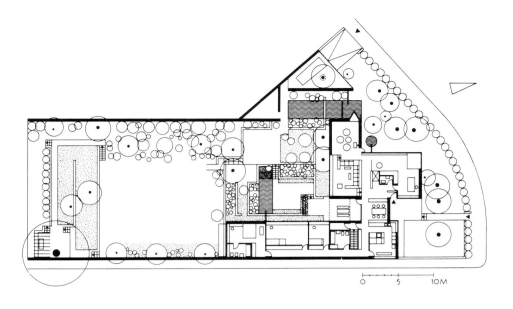

130

135

ENGLISCHE GÄRTEN LANDSCHAFTSGÄRTEN

Angesichts des Stolzes, mit dem seit jeher über die englische Gartenrevolution des beginnenden 18. Jahrhunderts berichtet wird, angesichts des weit verbreiteten Lächelns über den sogenannten „formalen" Garten, den man besser den geometrischen oder architektonischen nennen sollte, mit seinen aus Buchsbaum und Eiben geschnittenen Hecken und Figuren aller Art – wird der „englische Garten" so allgemein mit dem Begriff des „Landschaftsgartens" identifiziert, daß die Gefahr besteht, seine anderen nationalen Eigenschaften zu wenig zu beachten. Wer aber heute englische Gärten besucht, wird keineswegs nur von jenen großen Parks beeindruckt werden, die gepflegte und gesteigerte Landschaft sein sollten, aber oft „verzierte" Landschaft sind, sondern von einer Fülle sehr verschiedener Garten-Persönlichkeiten, die sich unter verschiedenen Umständen entwickelt haben. Jedenfalls sind sie von einem in Kontinentaleuropa undenkbaren Reichtum an Vegetation, von einer hohen Gartenkultur, wie sie maritimes Klima ermöglicht. Sie sind durch frühzeitige Entdeckung überseeischer Vegetation sehr bereichert, durch die typische englische Neigung für das Landleben, für Tiere und Pflanzen belebt und durch den allgemeinen Wunsch nach einer unantastbaren, naturverbundenen Privatsphäre, nach Haus und Garten, gefördert worden. Sehr wahrscheinlich hat die englische Mentalität, das englische Klima, haben die in botanischen Gärten, Gewächshäusern, Arboreten und Gartengesellschaften angesammelten Pflanzen und Erfahrungen den englischen Garten viel mehr geprägt als alle Theorien über den Landschaftsgarten.

Auch der Vergleich englischer Gärten mit jenen, die in Europa noch zu einer Zeit entstanden sind, als ihr Stil in England schon weggewischt war, oder auch die Erinnerung an die Berichte des jüngeren Plinius über die aus Buchsbaum geschnittenen Namen römischer Gutsbesitzer werden uns die Augen für die besondere nationale Eigenart englischer Gärten – einschließlich der formalen – öffnen.

Im Gegensatz zu barocken Anlagen wie Versailles oder Schönbrunn mit ihren zu streng geometrisch ebenen Flächen, Kegeln oder Kugeln geschnittenen Bäumen ist die Schere in England offenbar weniger im Hinblick auf Geometrie als mit Verständnis für die Wachstumsgesetze der Pflanzen gehandhabt worden, ähnlich wie das auch in Japan geschieht; und man darf nicht vergessen, daß die so entstandenen geschlossenen Oberflächen von Bäumen und Sträuchern an dichte, polsterartige Pflanzen erinnern, wie sie an windexponierten Stellen – zum Beispiel im Hochgebirge – durch „Windschur" entstehen und von der Natur geschaffen werden, um die Verdunstung zu verringern. Der Pflanze wird mit solchem Schnitt also unter Umständen auf nicht unwesentliche Weise geholfen.

Der starke Eindruck der alten Gärten beruht auf ihrer ausgeprägten Räumlichkeit und Kleinmaßstäblichkeit, auf der Intimität der Gartenabschnitte, auf den nahtlosen Übergängen zwischen Haus und Garten und der alten Kunst, farbige

Englisches Landhaus

Blütenstauden vor dunkle Wände aus Eibe zu setzen, wie man das in Great Dixter, aber auch in Penshurst Place so gut studieren kann, während in Sheffield Park die große Wasserfläche dominiert sowie in Nymans Garden die riesigen Exemplare kostbarer Bäume!

Die Eiben der Alleen, die auf das Schloß Hampton Court hinführen, durften eine mehr oder weniger natürliche Kegelform behalten, während die Linden des Schloßparks Schönbrunn aufs äußerste vergewaltigt sind. Der Schnitt der Hecken folgt in England ganz allgemein weniger einer geometrischen als einer dem Wachstum der Pflanzen angemessenen Form – und das um so mehr, je älter die Pflanze ist. Schließlich sind die zu bizarren Tierformen geschnittenen Büsche, über die man sich so lustig gemacht hat, doch eine – mehr oder weniger volkstümliche – plastische Auseinandersetzung mit Motiven der Natur, nicht der Geometrie; wie die heute so wenig verstandenen farbigen Glaskugeln, in denen sich die Hochstammrosen der Bauern- und Bürgergärten spiegeln sollten, geben sie dem Bewußtsein Ausdruck, daß man sich in einem bewohnbaren, gestalteten Raum, nicht in freier Wildbahn befindet. Und das war so lange erwünscht, als man nicht vor extremer Verstädterung und Technisierung in eine extrem anders geartete Umwelt flüchten wollte.

Wie „modern" heute die Auffassungen mittelalterlicher englischer Gärten wirken, zeigt nichts anschaulicher als Bacon's Beschreibung des Idealgartens 1597:

„. . . Bacon beginnt seine Beschreibung des Idealgartens mit Einzelheiten darüber, wie er versuchen will, dort einen ‚ver perpetuum', einen ewigen Frühling, zu schaffen. Scheinbar ein mittelalterliches Thema, denn die Zaubergärten der Dichter des Mittelalters erscheinen im allgemeinen unabhängig von den Jahreszeiten stets in voller Blüte. Bacon betont aber höchst realistisch die Freuden, die jeder Monat bringen soll: Für November, Dezember und Januar sind es die immergrünen Pflanzen, die Stechpalme, der Efeu, der Lorbeer, die Eibe, Rosmarin, Lavendel; für Januar und Februar Seidelbast, Krokus, Primel, Anemone, die frühe Tulpe, die Hyazinthe, Kaiserkrone; für März Veilchen, gelbe Narzisse, Maßliebchen, Mandel, Pfirsich, Heckenrose; im April Goldlack, Levkoje, Schlüsselblume, Lilie, Pfingstrose und Flieder; Mai und Juni haben die reichste Liste, und im Juli beginnt er, nach der Gartennelke, Rose und der blühenden Linde, Früchte aufzuzählen; und von nun an bis zum Ende des Jahres hören wir nichts mehr über Blumen mit Ausnahme von Mohn, Stockrosen, Eisenhut und Rosen. Dafür dienen dem Vergnügen nunmehr Obst, die Nüsse und das Laub. Geringer als die Augenvergnügen sind die Wohlgerüche, ‚die Erdbeeren sterbend hinterlassen, die einen sehr herzstärkenden Duft hervorbringen', ‚Goldlack, der viel Freude bereitet, wenn er unter einem niedrigen Wohnzimmer oder Gemachfenster blüht', ‚Geißblatt, wenn es etwas weiter entfernt ist', und gewisse Pflanzen, wie Pimpernelle, wilder Thymian und Wasserminze, die ‚voll eines starken Duftes sind' . . . ‚deshalb soll man ganze Alleen damit bepflanzen, um sich

Freibeschnittene Hecken in Rockingham

Die plastischen Elemente alter englischer Gärten sind zwar weniger geometrisch, aber nicht weniger eindrucksvoll als die kontinentaleuropäischen Architekturgärten

140

142

144

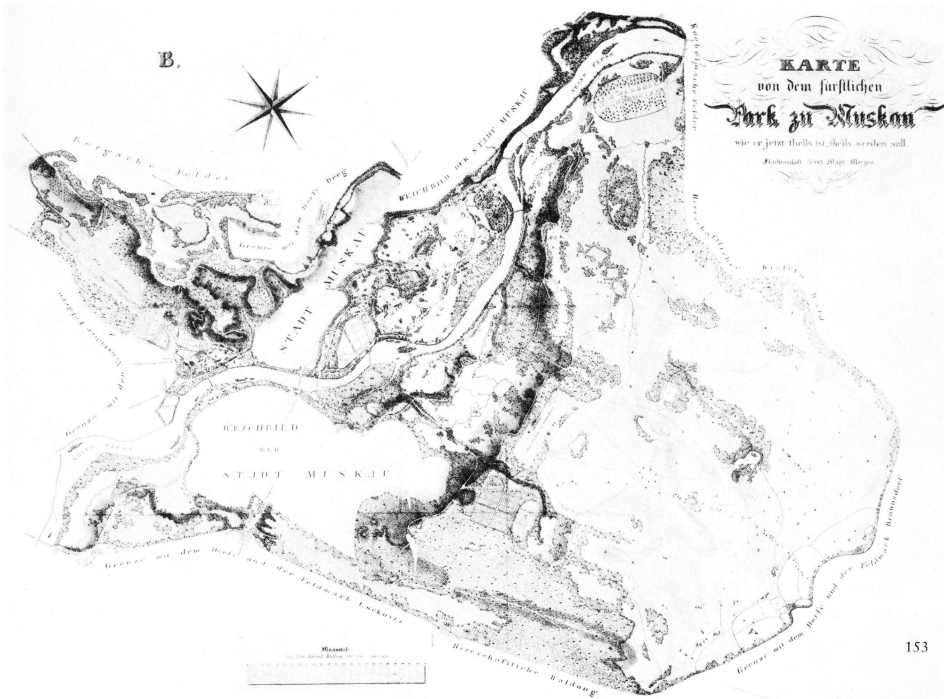

ISLAMISCHE TRADITIONEN

Aus dem Alcazar in Sevilla

Sosehr englische Gärten bei aller Bereicherung durch botanische Entdeckungen und gärtnerischen Ehrgeiz doch immer als Einheit mit der Landschaft ringsum aufgefaßt worden und auch ein Teil von ihr geblieben sind, sosehr sind maurische Gärten von ihrer Umgebung abgeschlossen, bilden vor der feindlichen Welt der Wüste durch hohe Mauern beschützte, befestigte Wohn- und Lebensräume – mehr gebaut als gepflanzt, mehr Höfe als Gärten.

Abweisend nach außen, aber um so reicher im Inneren, bieten sie geeigneten Raum für einen höchst verfeinerten Lebensstil betont privaten Charakters, der auch im Hinblick auf diese Privatheit des Schutzes gegen außen bedarf, so daß umso erklärlicher erscheint, daß dieser Typus auch in der glücklicheren Welt Südspaniens unverändert beibehalten, ja, durch die Gunst dieser Umwelt zu höchster Vollendung entfaltet werden konnte.

„Um südliche Gärten zu begreifen, muß man das Klima und die Mentalität des Südens kennen. Sämtliche westeuropäischen Parks und Anlagen rund um die großen Herrenhäuser des siebzehnten und achtzehnten Jahrhunderts wurden geschaffen, um die glanzvolle Wirkung der Baulichkeiten zu erhöhen. Der Lebensstil der Zeit verlangte danach, denn sie brauchte Terrassen und groß angelegte Parks als Kulisse für ihre Feste. In Spanien besitzen wir Beispiele ähnlicher Art in den königlichen Schlössern von La Granja und Aranjuez, die durch italienische und französische Vorbilder beeinflußt sind. Arabische Gärten dagegen, die unter dem unmittelbaren Einfluß ihres persischen Ursprungslandes standen, waren für das zurückgezogene Dasein einer geringen Zahl von Menschen bestimmt, für eine seßhafte, rein kontemplative Existenz. Die komplexe, verfeinerte Kunst der Mauren ist der heutigen Mentalität nur schwer zugänglich. Um sie zu verstehen, muß man die passiv-beschauliche Haltung des Orientalen kennen, der die Schönheit ohne Rücksicht auf den raschen Lauf der Zeit schafft und genießt. Die Höfe und Gärten von Granada haben ihre für die Lebensweise des südlichen Spaniens so charakteristische Struktur bewahrt.

Die Höfe oder Patios sind nach Jahrhunderten immer neuer Versuche, in denen sich ihre traditionelle Form allmählich entwickelte, das Resultat völliger Anpassung an Boden und Klima des Südens. Während der sommerlichen Hitze finden die Bewohner innerhalb ihrer vier Wände angenehme Kühlung. In Spanien hat sich der allen mittelmeerischen Kulturen geläufige Patio am wenigsten verändert und entspricht in seiner traditionellen Form auch heute noch den Lebensbedürfnissen seiner Bewohner.

Der Patio spielt eine so große Rolle, daß man sagen könnte, die Alhambra besteht aus einer Reihe von grünen Kammern, belebt von murmelnden Brunnen und vom Spiel des Lichts, das je nach der Tagesstunde wechselt, und in Vollmondnächten, die vom schweren Duft der Orangenblüten und des Jasmins erfüllt sind, seine höchste Schönheit entfaltet.

In ihrem Wunsch, sich größerer Abgeschiedenheit zu erfreuen und näher an die Natur zu gelangen, errichteten die Prinzen von Granada eine

150

151

Reihe von Palästen, hoch oben in den Felsen, inmitten der Waldungen, in der Verlängerung gegen den Osten des Sabika, oder „Roten Hügels". Von all diesen Palästen, die die Alhambra überblicken, ist nur Generalife erhalten, der im Nordosten liegt, nur wenig entfernt von der Alhambra. Seine Errichtung war dank des Königlichen Kanals („acequia") möglich, eines Wasserlaufes, der von den Arabern kanalisiert worden war und durch den Garten des Generalife hindurchführte, und danach die Alhambra mit ihren Brunnen und Gärten mit Wasser versorgte.

Im Gegensatz zur Alhambra, wo die Vegetation zwischen den Mauern und Säulen durch die Architektur bestimmt ist, beruht der Reiz des Generalife darin, daß er seinen ländlichen Charakter bewahrt hat und aus zwei gartenumgebenen Pavillons besteht. Der Hauptgarten liegt zwischen ihnen, und sie sind von Bäumen dicht umgeben. In den Zeiten der Araber war der Garten ein reiner Obstgarten.

Das interessanteste Detail des Gartens von Generalife ist die Wassertreppe:
Die Brüstung besteht aus Steinmauern, an der Oberkante ausgehöhlt, um einen Kanal aus konkaven arabischen Fliesen zu formen, an denen das Wasser schnell entlanggleitet. Diese Treppe ist von einer dichten Überdachung aus Lorbeer und anderen immergrünen Pflanzen bedeckt, durch deren Laubwerk die Sonnenstrahlen auf dem Wasser spielen, während es über der Brüstung rinnt und aus dem Springbrunnen aufsteigt. Inmitten der verschiedenen Abschnitte dieser Gärten, Gegenstand der Veränderung und vergänglich wie sie alle sind, schafft diese einfache Treppe das interessanteste Charakteristikum, und ist außerdem das echteste Objekt im Generalife. Es kann mit Sicherheit behauptet werden, daß es seine ursprüngliche Form seit der arabischen Periode behalten hat.

... Die überdachte Vorhalle, die kleinen Wasserbecken, der Kanal, das strömende Wasser, das ihn umsäumt, die Vegetation und der entfernte Anblick der Landschaft, umrahmt von den Balkonen an der Rückseite des Pavillons, und seiner seitlichen, mit Arkaden versehenen Galerie, von der man die massive Silhouette der Alhambra sehen kann – all das zusammen gleicht einem wunderbaren symphonischen Gedicht, das uns die ekstatischen Qualitäten der islamischen Seele enthüllt."
(Marquesa de Casa Valdes, zitiert von Peter Coats: Great Gardens of the Western World)

Kaum irgendwo anders dürften Innen- und Außenraum eine so betonte Einheit bilden wie in der Alhambra: ähnlich wie in alten iranischen Gärten, z. B. dem Fin-Garten in Kashan, wird diese Einheit durch schmale, marmorgefaßte Wasseradern betont, die oft auch über Treppen geführt, Innen- und Außenräume gleicherweise durchziehen und so miteinander verbinden, und ihre Mittelpunkte durch kleine Wasserbecken mit niedrigen Springbrunnen betonen, die aus höher liegenden Wasserbecken gespeist werden.

Die für spanische Wohnhäuser und Patios so charakteristische Ausstattung mit Topfpflanzen betont auch in der Alhambra und im Generalife den wohnlichen, privaten Charakter, und alte Darstellungen zeigen eine sehr starke Bepflanzung der großen Höfe mit Sträuchern und kleinen Bäumen.

Im Alcazar und im Orangenhof von Sevilla, der neben der Giralda den letzten Rest der alten Moschee bildet, werden die schmalen Wasseradern, die zur Bewässerung der Orangenbäume unter der Ebene des Pflasters teils verdeckt, meist aber offen zu den Baumscheiben geführt werden, gleichzeitig zum Architekturmotiv, indem sie reizvolle Gliederungen des Pflasters bilden.

Die im Alcazar von Sevilla sowie in Nordafrika besonders viel verwendeten keramischen Verkleidungen der Mauern, Bänke und Gartenpavillons tragen mit ihrer Kleingliedrigkeit und Farbigkeit sehr zur optischen Einbindung der gebauten Elemente in die Welt der Vegetation bei – sehr zum Unterschied von den gebauten Elementen repräsentativer Gärten der westlichen Welt mit ihrem betont monumentalen Anspruch. Die Gegensätze dieser Auffassung kommen ja besonders deutlich im Palast Karls V. zum Ausdruck, der anstelle früherer maurischer Bauten in die Alhambra gesetzt worden ist, Demonstration des ganz anderen Geistes des Siegers.

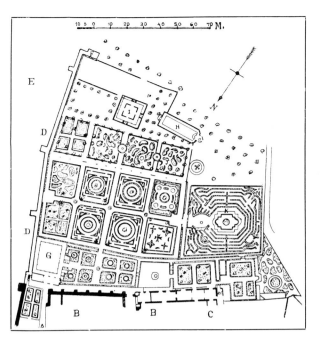

Alcazar von Sevilla

S. 149:
Orangenhof neben der Kathedrale von Sevilla, außer der Giralda der letzte Überrest der alten Moschee
S. 150/151:
Aus dem Alcazar von Sevilla
S. 153:
Alhambra von außen
S. 154:
Alhambra, Löwenhof
S. 155:
Alhambra, Myrtenhof
S. 156:
Alhambra, Hof der Lindaraja
Rechts: Detail von der Galerie
S. 157:
Generalife
Links: Durchgang unter hohen Bäumen
Rechts: Blick auf die Gärten
S. 158:
Blick über die Gärten des Generalife
S. 159:
Springbrunnen und Rosenstöcke vor dunklen Wänden aus geschnittenen Koniferen
S. 160/161:
In den Partal-Gärten
S. 162:
Der Springbrunnenhof im Generalife
S. 163:
Escalera de la Cascada:
Auf der Krone von Mauern laufende Wasseradern, die tiefer liegende Flächen bewässern oder als Wasserschleier über die Mauern fließen, waren ein altes Motiv iranischer und Moghulgärten
S. 164:
Vorhof des Wohnhauses des Komponisten de Falla

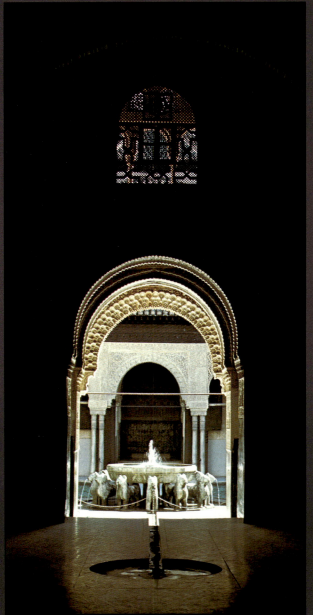

154

155

157

162

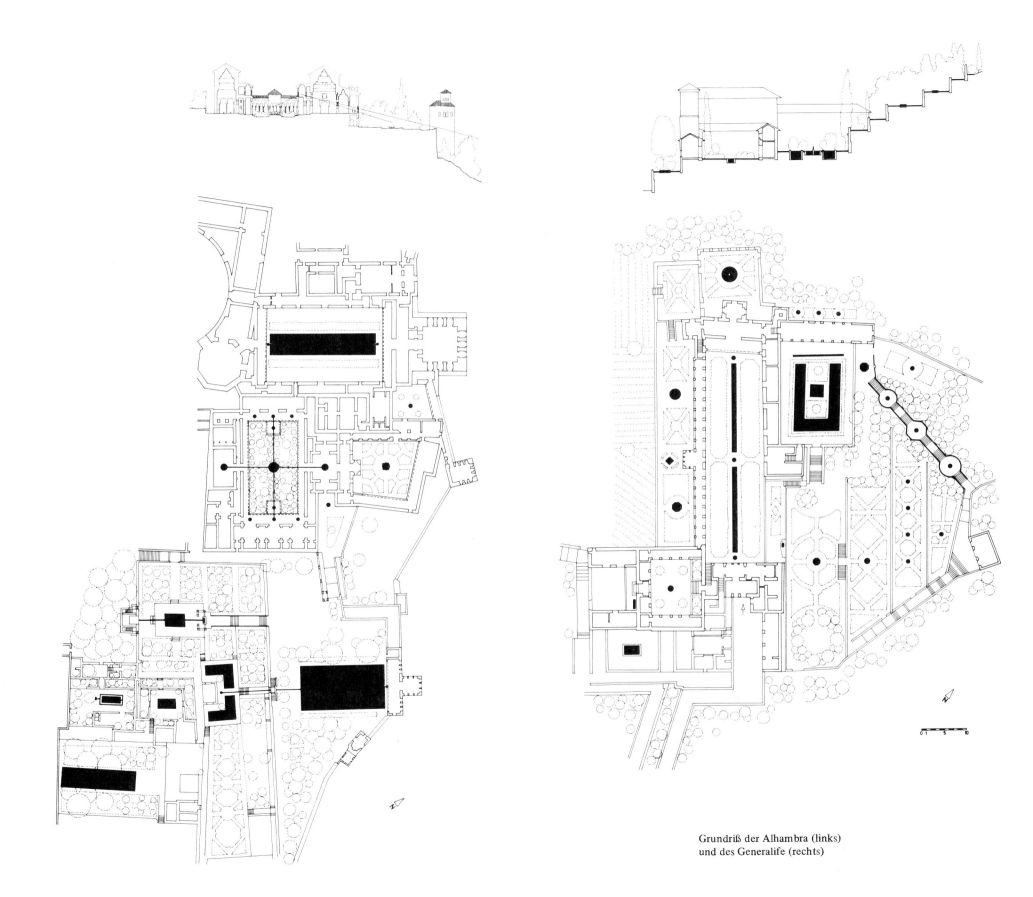

Grundriß der Alhambra (links) und des Generalife (rechts)

ZWEITER TEIL · SINNBILDER

IRANISCHE UND MOGHULGÄRTEN

Jahangir steht auf einem Globus, der über einem Ochsen und einem darunterliegenden Fisch fixiert ist; neben den anderen Symbolbedeutungen des Fisches stützt er nach islamischer Auffassung die Erde

S. 167:
Fin-Garten, Kashan

Die geradlinig und rechtwinkelig angeordneten Wasserläufe in den schmalen Marmorgerinnen, die Innenräume und Höfe der Alhambra gleicherweise durchziehen, die kleinen Wasserbecken mit den niedrigen murmelnden Springbrunnen — das alles erinnert sofort an den Fin-Garten in Kashan und bestätigt sozusagen auf den ersten Blick die Richtigkeit der Auffassung des Konservators der Alhambra, F. P. Moreno, daß die Alhambra mehr iranisch als maurisch sei. Und die These Josef Strzygowskis von der tiefen Beeinflussung europäischer Kunst durch Persien scheint von der Entwicklung der Gärten bestätigt zu werden:
Nicht nur das persische Wort für Garten kehrt — vermutlich durch die Kreuzzüge vermittelt — schon in den mittelalterlichen Bezeichnungen „Paradeis"-Gärtlein wieder, sondern auch das räumliche Konzept der innerhalb eines ummauerten Rechtecks in der Mitte eines Achsenkreuzes von Wegen stehende Gartenpavillon — und das ist auch das Hauptmotiv des Renaissancegartens — entsteht offenbar als Vereinfachung des iranischen Gartenkonzepts. Der von hohen Mauern umschlossene Garten, der durch geradlinige, rechtwinkelig angeordnete, hochliegende Kanäle bewässert wird, über deren Rand das Wasser auf die begleitenden Baumreihen und die bepflanzten Flächen abläuft, war wohl ein ursprünglicher, im Iran heute noch gebräuchlicher Typus des Nutzgartens, von dem aus aber sowohl die hochliegenden Wasserflächen der späteren iranischen Wasserbecken aller Art als auch die achsiale, rechtwinkelige Unterteilung der Gärten zu verstehen ist.

Darüber hinaus macht Silvia Crowe auf die Ähnlichkeit der runden, turmartigen Taubenhäuser an den Ecken der Gärten Isfahans mit den runden Aussichtstürmen an den Ecken der Gevierte späterer Moghulgärten und der gleichzeitig entstandenen Tudor-Gärten aufmerksam. Solche Ecktürme haben übrigens auch den großen Renaissancepalast „Neugebäude" Maximilians I. in Wien charakterisiert.

Daß das Konzept des durch vier Wasseradern geteilten Gartens sehr alt ist, beweist der Text der Genesis, in dem es heißt: „Und ein Fluß ging von Eden, um den Garten zu bewässern, und von da war er geteilt und zerfiel in vier Abschnitte." In diesen ursprünglichen Entwürfen des Gartens erscheint also die Urform einer Bewässerungsanlage durch symbolische Bedeutung idealisiert; Wasser ist psychisch und verkörpert seelisch den Ursprung des Lebens, das von den beiden Adern gebildete Kreuz die Begegnung des Menschen mit Gott, die vier Abschnitte die vier Elemente, während der achtgeteilte Garten die Achtteilung des Paradieses im Koran versinnbildlichen soll.
Die Vorliebe der Perser für Bäume und Gärten geht aus verschiedenen Berichten hervor; so soll Xerxes eine Platane — platanus orientalis — so sehr bewundert haben, daß er sie mit goldenen Amuletten behängte; und nach Xenophon war Cyrus der Junge besonders stolz darauf, einen Garten mit geradlinigen Baumreihen selbst entworfen und dort Bäume selbst gepflanzt zu haben.
Die Gärten waren wechselnd mit Zypressen und Obstbäumen bepflanzt, wobei die immergrüne Zypresse Unsterblichkeit, der blühende Obstbaum die Erneuerung des Lebens versinnbildlicht hat, weshalb in Grabgärten zwei Zypres-

UND KUNSTWERKE

sen mit einem Obstbaum, in Lustgärten zwei Obstbäume mit einer Zypresse gewechselt haben.

Von den großartigen, unter Schah Abbas entstandenen Gartenanlagen in Isfahan sind nur noch bescheidene Reste vorhanden; der wegen seiner Größe von Touristen bewunderte, heute als öffentlicher Garten gestaltete Platz Maiden-i-Schah war ursprünglich ein Sportplatz: Der Schah sah dort vom Pavillon Ali Quapu den Kamelrennen und Polospielen zu. Zeitgenössische Darstellungen zeigen den Platz auch von vielen Zelten besetzt oder für Militärparaden benützt. Er hat also weder in seinen Abmessungen noch in seiner Gestalt etwas mit alt-iranischen Gartenanlagen zu tun, die immer unterteilt und mit fließendem Wasser ausgestattet waren, wie auch Pläne der erwähnten Isfahaner Anlagen der Safawidenzeit zeigen.

Im Iran sind nur wenige Gärten einigermaßen vollständig erhalten; am besten wohl der Fin-Garten bei Kashan, in dem auch noch das von einem Wüstenvolk begreiflicherweise getriebene raffinierte Spiel mit dem Wasser studiert werden kann.

Über den Zweck der Reflexion, auch über den Zweck der Kühlung hinaus, kam es offenbar darauf an, das lebendige Fließen des Wassers zum Erlebnis zu bringen – um so mehr, als Mohammed angeordnet haben soll, daß Wasser immer in Bewegung zu halten sei. Das ist nicht nur durch die erwähnten kleinen Springbrunnen erreicht worden.

Peschere berichtet in seinem Icomos-Bericht

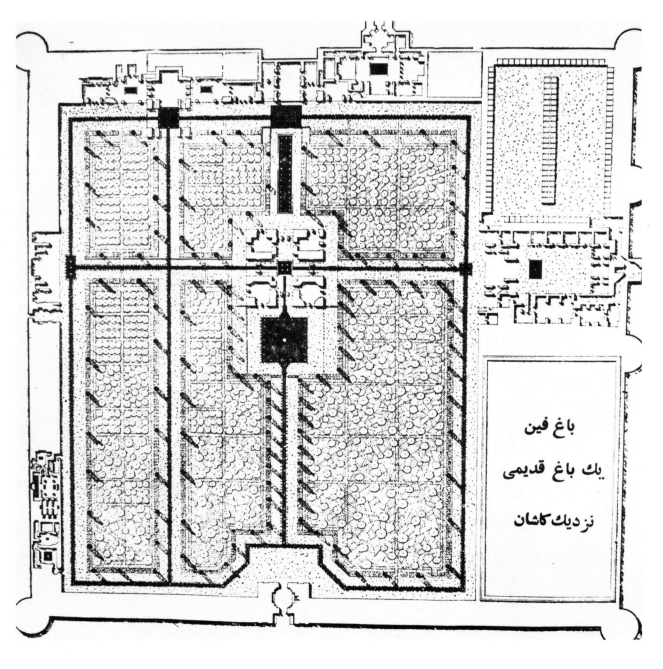

باغ فين

يك باغ قديمى

نزديك كاشان

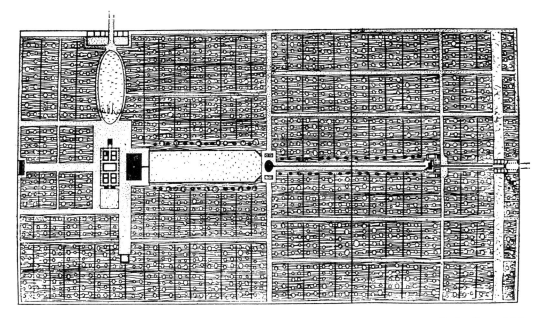

Bagh-e-Eram, Isfahan, zeitgenössischer Plan

Plan der großen Gartenanlagen Isfahans, unter Schah Abbas

über „Studien über die persischen Gärten" über die Behandlung des Wassers in der Alhambra und im Fin-Garten: „Die berühmten gekreuzten Springbrunnen von Generalife, die so gefeiert werden, sind nicht eigenständigen Ursprungs, sondern aus Italien gebracht. Was islamisch ist, ist das schäumende Sprudeln des Wassers an jedem Ende des Kanals, wobei der Kanal selbst ruhig bleiben muß, um die Betrachtung des Widerscheins des Himmels im Wasser zu ermöglichen."

Unterhalb der Wasseroberfläche waren die Wände der Kanäle mit türkisfarbenen Keramikplatten ausgelegt, deren Relief zum Glitzern und Schäumen des Wassers beitragen sollte.

Am besten zeigen die zahlreichen Miniaturen die üppige Vegetation der Gärten, die Wasserkanäle und oft achteckigen Wasserbecken mit ihren Pavillons in der Mitte und den Überfluß des höfischen Lebens, der sich dort abspielte. Aber auch auf Flugbildern von Isfahan findet man kaum ein iranisches Hofhaus, das nicht in der Mitte seines Hofes ein Wasserbecken besäße, in dem sich entweder die Säulen des Hauses spiegeln oder das, öfter noch, von Wein und Granatapfelbäumen überwachsen ist. Durch raffinierte natürliche Lüftungssysteme hilft das Wasserbecken im Hof mit, das Haus zu kühlen.

Das Maximum an Kühlung und Durchlüftung, aber auch an optischer Vereinigung mit dem Gartenparadies ist sicherlich in den Gartenpavillons mit ihren inneren Wasserbecken und Springbrunnen, den farbig glasierten Wand- und Bodenfliesen, den Spiegelmosaiken der Decken und den leuchtend farbigen Wandbildern erreicht worden.

Moghulgärten

Was Iraner sich von ihren Gärten gewünscht haben, kann man wahrscheinlich am besten in den Moghulgärten in Kaschmir erkennen: So wie die Mauren in der glücklichen Umwelt Andalusiens ihre Träume luxuriösen Wohnens verwirklichen konnten, so hat der vom Himalaya stammende Wasserreichtum Kaschmirs den Moghulherrschern ermöglicht, persische Träume und Paradiesvorstellungen — auch ihrer persischen Gemahlinnen — vom reichen Überfluß kühlenden, sprühenden, schäumenden Wassers inmitten von Blumen- und Fruchtgärten zu verwirklichen.

Man war sogar umgekehrt bemüht, innerhalb der Wasserflächen durch Vegetationsmaterial Inseln zu gewinnen, um darauf ideal gekühlte Gartenpavillons errichten zu können!

Auch die mongolischen Abkömmlinge Dschingis Khans scheinen sich durch besonderes Interesse für Pflanzen und Tiere ausgezeichnet zu haben. Schon Babur beschreibt in seinen Memoiren immer die Tiere und Pflanzen, die er auf seinen Eroberungszügen kennengelernt hatte, und legt nach Eroberung Indiens Gärten mit Wasserflächen und Bäumen gegen die Hitze des Landes an.

„... Südlich (von Kabul), gegenüber der Burg Adinahpur, legte ich im Jahre 914 (n. d. H.) einen Charbagh an. Ich brachte Paradiesfeigenbäume herbei und pflanzte sie hier. Sie gediehen gut und setzten Früchte an. Im vergangenen Jahr habe ich überdies Zuckerrohr angebaut, das ebenfalls gut gedieh ... Im Garten liegt eine kleine Erhebung, von der aus ohne Unterlaß ein kleines Rinnsal, ausreichend um ein Wasserrad zu drehen, in den Garten fließt. Das viergeteilte Stück des Gartens (Charbagh) befindet sich auf dieser Anhöhe. Im südwestlichen Teil des Gartens ist ein Wasserbecken, zwanzig Fuß im Quadrat, umgeben von Orangenbäumen. Außerdem gibt es Granatapfelbäume. Rings um das Becken bedeckt Klee den Boden. Dieses Fleckchen ist die Zierde des ganzen Gartens. Welch schöner Anblick, wenn die Orangen gelb werden ...
... Am nächsten Morgen erreichte ich den ‚Bagh-i-Vafa' (Garten der Treue). Es war gerade die Jahreszeit, in der der Garten in all seiner Pracht erblüht. Die Grasflächen waren mit Klee bedeckt, die Granatapfelbäume waren gelb. Da es auch gerade die Zeit der Granatäpfel war, hingen diese rot in den Bäumen. Die Orangenbäume waren grün und frisch, beladen mit unzähligen Orangen, allerdings noch nicht reif. Die Granatäpfel waren ausgezeichnet, auch wenn man sie nicht mit denen in unserm Land vergleichen kann. Noch nie hatte ich mich so an dem Garten der Treue erfreut, wie bei dieser Gelegenheit."
(Andreas Volwahsen: „Islamisches Indien", Weltkulturen und Baukunst)

Die räumliche Ordnung der Moghulgärten beruht auf dem viergeteilten Quadrat als Grundelement, wie es am klarsten in den Gärten der Mausoleen, und am schönsten im Taj Mahal zu sehen ist.

„... Seine beiden in die Himmelsrichtung weisenden Achsen und die quadratische Grundform entsprachen genau der hinduistischen Kosmologie. Wüßten wir nicht, daß Babur schon vor seiner Eroberung Hindustans einen Charbagh in Kabul angelegt hatte, so läge es nahe, diesen Lageplan als eine Erfindung hinduistischer und nicht islamischer Architektur zu bezeichnen.

Schon im altindischen Städtebau begegnen wir nämlich der gleichen Vierteilung eines Quadrats, wobei jeder Kaste ein Teilquadrat zugewiesen

Zeitgenössische Darstellung eines alten iranischen Wohnhauses mit Wasserbecken im Hof

Pavillon der „Vierzig Säulen", Isfahan, Innenansicht mit Wasserbecken, zeitgenössische Darstellung

Künstliche Insel mit Pavillon nach einer Zeichnung von 1832, Kaschmir

Künstliche Insel „of the four Chenars", Lake Dal, Kaschmir

wurde. Bereits die Dorfanlagen der Aryas waren im 2. Jahrtausend v. Chr. auf ein Achsenkreuz gebaut, in dessen Mittel- beziehungsweise Kreuzungspunkt der Ratsbaum stand. (Dieses Abbild der Weltenachse erschien in der buddhistischen Architektur wieder, hier als gestaffelter Ehrenschirm, und in südindischen Hindutempeln als die Cella, die gelegentlich in einem quadratischen Teich auf einer kleinen Insel steht.) Nun war es nur noch ein kleiner Schritt zur klassischen indo-islamischen Charbagh-Anlage. Die Straßen in den Achsen erhalten Wasserkanäle, in der Mitte des Teiches steht nach persischem Vorbild der Baradari, ein offener Wasserpavillon, und eine hohe Mauer, wie sie auch alle großen Hindutempel umgibt, faßt den Garten ein. An die Stelle des Pavillons kann auch ein Mausoleum treten; der erste monumentale Grabgarten dieser Art ist der um das Mausoleum Humayuns in Delhi. Jede Hecke und jeder Baum betont das Quadratnetz der Wasserkanäle. In allen Beschreibungen der Gärten der Moghuln heißt es, daß die Blumenbeete in allen erdenklichen Farben schillerten. Von blühenden Büschen und Bäumen, von Orangenbäumen, Zitronenbäumen und Granatapfelbäumen ist immer wieder die Rede, selten aber von Palmen und Zypressen, von Rasen und immergrünen Hecken, die heute das Bild der meisten indischen Gärten prägen."
(Andreas Volwahsen: „Islamisches Indien", Weltkulturen und Baukunst)

Große Anlagen entstehen aus der Addition solcher Grundelemente, oft mit Orientierung in eine bestimmte Richtung. Der größte und berühmteste Garten Shalamar ist zum Fluß bzw. zu einer nicht ausgeführten Anlage gegenüber orientiert. Jedes dieser Quadrate, aus denen das System besteht, ist in sich geschlossen und vom anderen durch einen Geländesprung mit Stiegen getrennt – übrigens überraschend ähnlich der Renaissanceanlage des Heidelberger Schloßgartens.

„... Von einem der Öffentlichkeit zugänglichen Vorgarten aus betritt man das zuunterst gelegene Quadrat. Hier hielt sich der Herrscher mit seinen Vertrauten auf. An der Nordmauer ist ein Badehaus so ausgebaut, daß es den kleinen Hofstaat aufnehmen konnte, wenn der Großmogul mehrere Tage hier verweilte. Der höher gelegene Garten heißt ‚Garten der Frauen'. In

seiner Mitte liegt in einem Wasserbecken der Pavillon, in dem sich die Damen des Harems aufhielten. Ein dreifacher Ring von Springbrunnen kühlte die Luft im Pavillon. Zusätzliche Wasserspeier, im Dach eingebaut, hüllten den Raum in feinen Sprühregen . . ."
(Andreas Volwahsen: „Islamisches Indien", Weltkulturen und Baukunst)

„. . . Ursprünglich von Jahangir angelegt, aber sicherlich stark beeinflußt durch seine Gemahlin Nur Jahan, verbindet Shalamar die Feinheit von Detail und Proportion mit einer alles durchdringenden Ruhe und einem Frieden, der aber Melancholie vermeidet. Hier ist das ‚Paradies innerhalb eines Paradieses.'

Die Anlage ist einfach. Am oberen Ende des Gartens wird der schmale Fluß aus den Feldern abgeleitet zu einem breiten Kanal, der zu dem großen rechteckigen Becken führt, in dem der Hauptpavillon aus schwarzem Marmor steht, auf allen Seiten von Springbrunnen und Wasser umgeben. Niveauunterschiede sind im allgemeinen unbedeutend und wurden in einem großen Ausmaß absichtlich ersonnen, um das Gefühl von Ruhe und Zurückhaltung zu geben. Der Kanal, das Gebäude und die Platanen beziehen sich im Maßstab großartig aufeinander und im Herbst, wenn sich die Bäume verfärben, auch in der Farbe.

Es ist der große Pavillon im Garten, der für den Höhepunkt von Shalamar sorgt und der wie ein Magnet den ganzen Garten ‚an sein Herz' zu ziehen scheint – er ist der Mittelpunkt, von dem aus sich vier Ausblicke öffnen. Die starke Wirkung beruht auf Großzügigkeit und Einfachheit, zusammen mit einem unfehlbaren Gefühl für Proportion. Unten erweitert sich die Anlage, öffnet sich mehr dem Sonnenlicht, wird ein klein wenig raffinierter, die Niveauunterschiede sind ein wenig schärfer, bis sie schließlich den ‚Diwan-i-Am' (Kaiserliche Audienzhalle) erreicht, wo der Herrscher auf seinem Thron aus schwarzem Marmor über dem Wasser saß, das durch das Gebäude geleitet wurde, um in einer kleinen Kaskade, hinter der oft farbige Lampen aufgestellt wurden, in das unterste Becken zu fallen. Ursprünglich führte dieser Teil des Gartens direkt zum Kanal. Wie in vielen anderen Gärten ist der Zugang zum Garten heutzutage durch eine moderne Straße verstümmelt. Histo-

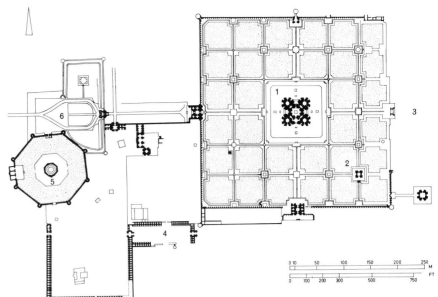

Das Grabmal des Humayun in Delhi, gebaut 1565

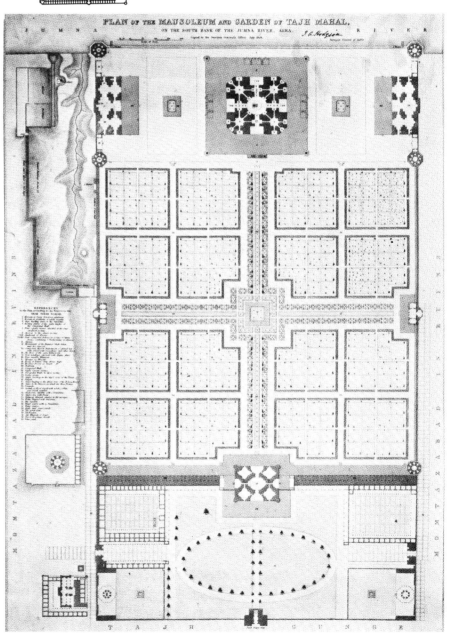

Mausoleum und Garten Taj Mahal, Agra

172

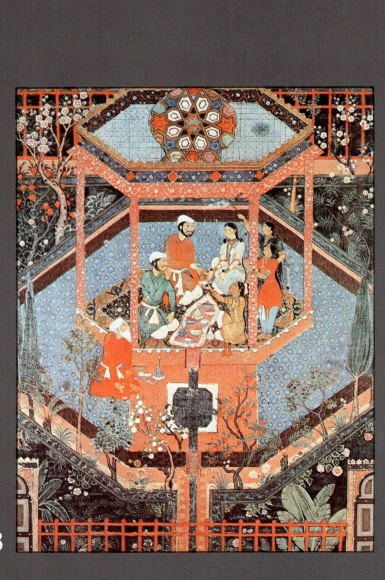

173

174

175

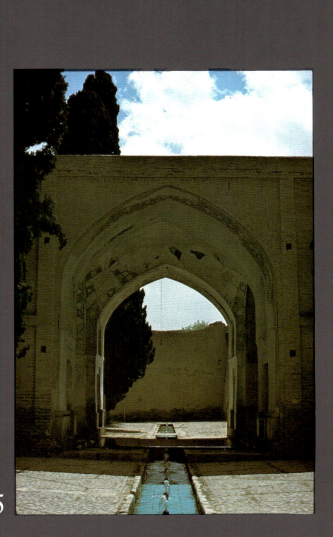

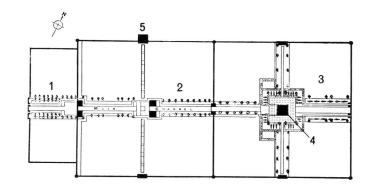

1. der öffentliche Garten
2. der Garten des Kaisers
3. der Garten der Frauen
4. Pavillon
5. Badehaus

Shalimar Bagh, Srinagar, Kaschmir

risch ist der Garten sowohl das Werk von Jahangir als auch Shah Jahan. Jahangir wählte das Grundstück aus, und Shah Jahan arbeitete mit ihm bei der Anlage zusammen, als er noch Prinz war. Der Name ‚Shalamar' ist von sehr alter Herkunft und bedeutet ‚Wohnort der Liebe'..."
(Sheila Haywood)

So haben die etwa zur Zeit der europäischen Renaissancegärten entstandenen Gärten der Moghuln in Kaschmir auf großartige Weise ein uraltes Konzept des architektonischen Gartens imperialen Charakters voll symbolischen Gehalts verwirklicht, der, offenbar vom Iran ausgehend, auch die europäische Entwicklung lange Zeit entscheidend geprägt hat.

S. 172:
Iranischer Gartenteppich

S. 173:
Miniaturen, die links einen Pavillon und ein Baumhaus, rechts ein achteckiges Wasserbecken mit zentralem Sitzplatz darstellen

S. 174:
Links: Fin-Garten bei Kashan
Rechts: Wasserbecken mit Vorplatz einer Moschee in Isfahan

S. 175:
Fin-Garten bei Kashan

S. 176:
Hof mit Wasserbecken in Gonabad, Iran

Nishat Bagh, Lake Dal, Kaschmir, Blick über die Gartenachse zum Pavillon

CHINESISCHE GÄRTEN

In keiner anderen Kultur dürften Landschaft und Garten so früh eine so zentrale Rolle gespielt haben wie in China, das man deshalb auch „Mutter der Gärten" genannt hat. Für ein jahrtausendelang dicht bevölkertes Agrarland, dessen Bewohner in den trockenen Ebenen des Nordens unter ständiger Todesdrohung der Dürre lebten, waren regenbringende Wolken ein Lebens-Symbol, das als Wolkenarabeske immer wieder zu finden ist, ebenso wie der wolken- und regenbringende Drache, der deshalb das Symboltier Chinas und seiner Kaiser war.

Das Zeichen für Garten – „Yuan": vier Bäume in einer rechteckigen Umrahmung, um 1500 v. Chr. gefunden, dürfte Symbol für eingezäunte Jagdparks gewesen sein.

In einem Land mit überreicher Vegetation und einer Blütenfülle, die noch aus jedem unserer Gartenkataloge spricht, hatten Gärten weniger die Aufgabe, die einheimische Vegetation zu bereichern, wie das z. B. in Mitteleuropa der Fall ist, sondern vielmehr offenkundig symbolischen, irrationalen Charakter, der auch innerhalb der streng geometrischen, rechtwinkeligen Ordnungen der Stadthäuser immer bis ins Detail betont worden ist. Über die strenge Ordnung des Alltags wird der Garten schon durch den Zugang durch kreisrunde Mondtore herausgehoben: der Kreis war Symbol des Göttlichen, Himmelstempel und Himmelsaltar haben kreisrunde Grundrisse.

Die von bizarren Steingruppen und uralten Bäumen umrahmten Wasserflächen mit ihren Felseninseln und Pavillons haben symbolischen Charakter: Berge und Wasser waren für China immer das Synonym für Landschaft und Landschaftsmalerei, die Insel der Seligen im östlichen Meer eine der populärsten Vorstellungen, die zentrale Wasserfläche zwischen Felsufern ist bis ins späte vorige Jahrhundert in chinesischen Gärten zu finden, die solcherart ein Sinnbild der Welt geblieben sind.

„Die frühesten chinesischen Gärten, von denen wir wissen, gehören den Gelehrten und adeligen Herren der Chou-Zeit. Offenbar gab es in ihnen alle möglichen Arten von Vögeln und Tieren. Sie waren zugleich Jagdpark, zoologische Gärten, Erholungsstätten und magische Symbole. Daß ein König auf so begrenztem Raum Tiere jagen konnte, die aus allen Gegenden seines Reiches stammten, deutet an, daß ihm Gewalt über alle Geschöpfe der Welt gegeben war. Eine Ode an „Wen wang", den Begründer der Chung-Dynastie, beschreibt eine solche Szene:

Der König ist im heiligen Park,
in dem Reh und Hirsch sich begegnen;
Reh und Hirsch sind glatt und rein,
weiße Vögel leuchten und schimmern.
Der König ist am heiligen Teich,
an seinem Ufer springen die Fische.

Der große Garten der Han-Zeit war der Jagdpark des Kaisers Liu-che vor den Toren der Hauptstadt Changan. ... In den Gedichten des Chang Heng und anderer Autoren der Han-Zeit wird er als großartiges Abbild seines Reiches beschrieben. Der Park war in der Tat ein Museum – er enthielt Exemplare jedes Tieres, jeder Pflanze und jedes Steines in der chinesischen Welt.

„Insel der Seligen im östlichen Meer"

Er war das Reich des Kaisers en miniature und symbolisierte den weiten Bereich, der ihm Gehorsam schuldete. Die großen Flüsse des Reiches, von Fischen belebt, waren in ihm nachgebildet. Proben aller nützlichen Materialien Chinas standen zur Schau, und selbst die heiligen Berge waren in Fels und Erde nachgestaltet worden." (Eduard H. Schafer)

Im Konzept der Seen und Hügel kommt offenbar die in der vorchristlichen Zeit besonders in den chinesischen Küstengebieten verbreitete Vorstellung von den Inseln der Seligen mitten im Meer zum Ausdruck.

„Die Erzählung von den mystischen Inseln berichtet, daß es irgendwo jenseits der Küste von Shantung einmal fünf große gebirgige Inseln ... gegeben habe, deren Gipfel sich tausend Fuß hoch auftürmten, während ihre Seiten steil und jäh abfielen. Dichter Wald wuchs auf den hohen Plateaus, während reiches Grün sich durch die nebligen, geheimnisvollen Täler zog. Alle Vögel und Tiere, die auf den Inseln lebten, waren von reinstem Weiß, während die Bäume Perlen und Edelsteine trugen. Alle Blumen waren wohlriechend, und die Früchte brachten Unsterblichkeit denen, die sie aßen. Entlang den Küsten dieser Inseln waren auf hochgelegenen Terrassen viele Hallen aus Gold, Silber und Jade errichtet, in denen die Glücklichen lebten, die nicht sterben mußten. Diese Unsterblichen – ‚Hsien' – waren nicht Götter, sondern Menschen, Männer und Frauen, die auf magische Weise einen Zustand ewiger Jugend ohne Krankheit, Alter und Tod erreicht hatten.

Nachdem die von seinem Vorgänger Kaiser Chin ausgesandten Expeditionen diese Inseln nicht erreicht hatten, hoffte Kaiser Wu, die Unsterblichen würden den von ihm angelegten großen See Tai-I besuchen, in dem mehrere Felseninseln angelegt waren, die wie phantastische Tiere aussahen – Assoziationen, die übrigens auch heute in China noch beliebt sind – und ein malerisches, palastartiges Gebäude als Wohnsitz der Unsterblichen in der Mitte besaßen.

„Von allen Paradiesen, von denen der Mensch je geträumt hat, scheint keines eine länger dauernde Anziehungskraft ausgeübt zu haben als die mystischen Inseln der Unsterblichen im Östlichen Ozean. Lange nachdem aller Glaube an sie verschwunden war, verwendeten Künstler und Handwerker weiterhin dieses Thema, offenbar aus großer Freude an einem angemessenen Gegenstand." (Loraine Kuck)

Daß es sich bei diesen Parks um Symbole gehandelt hat, deren Besitz nur dem Kaiser vorbehalten war, wird vielleicht durch die Geschichte eines reichen Bürgers und Zeitgenossen des Kaisers Wu bestätigt, der sich ein großes Gut zu einem Garten mit Wasserläufen, Kaskaden und Inseln bauen ließ, in dem er weiße Papageien und andere kostbare Vögel und seltene Tiere zog, aber wenig später hingerichtet wurde, worauf seine Vögel, Tiere, Pflanzen und Bäume alle in den Park des Kaisers gebracht wurden.

Er hat damit dasselbe Schicksal erlitten wie der französische Finanzminister Nicholas Fouchet, der 1661 sein Schloß Vaux-le-Vicomte von Le Notre und anderen berühmten Künstlern

Wolkenarabesken auf alten Säulen unter Bonsais in Sutchou

nach Verlegung von drei Dörfern und einem Fußlauf so großartig gestalten ließ, daß das den Neid Ludwigs XIV. erregte, der ihn daher durch Colbert ersetzen ließ und die in Vaux-le-Vicomte beschäftigten Künstler für den Bau des Schlosses Versailles einsetzte.

700 Jahre später ist der chinesische Typus des mit Pflanzen und Tieren aller Art besetzten kaiserlichen Parks mit seinen Seen und Felseninseln, Sinnbild der Landschaft, des chinesischen Reiches und der Unsterblichkeit, im „Westlichen Park" bei Loyang auferstanden, der für den Kaiser Sui Yang Ti um 600 angelegt wurde.

„Um seinen Westlichen Park zu schaffen, wurde der Boden in einem Umkreis von 200 Li (etwa 75 Meilen) umgestaltet, wozu etwa eine Million Arbeiter nötig war. Innerhalb des Parks wurden 16 Wohnhöfe erbaut. Erde und Felsen wurden herbeigebracht, um Hügel zu schaffen, und die Gruben für die 5 Seen und 4 Meere wurden ausgegraben ... Von den vier großen Seen oder Meeren war der nördliche der ausgedehnteste, etwa 13 Meilen im Umkreis. Darin befanden sich drei Inselgipfel, drei mystische Eilande des alten chinesischen Glaubens darstellend, auf diesen Inseln wurden bunte Pavillons, Türme, Terrassen und Kolonnaden errichtet. Kanäle wurden ausgegraben, die die Seen miteinander verbanden. Sobald sie fertiggestellt waren, konnte man mit Vergnügungsbarken durch den ganzen Park fahren. Der Bug dieser Boote war als Drachenkopf oder mythischer Phönix gestaltet, während das Heck an den Schwanz dieser Tiere erinnerte. Das Unternehmen wurde in diktatorischer Weise durchgeführt. Abgesehen von den großen Aushebungen zur Zwangsarbeit wurde eine Proklamation erlassen, daß alle jene, die in der Umgebung der Hauptstadt Pflanzen, Bäume, Vögel und Tiere besitzen, diese in den Park liefern sollen. So wurden dann von überall her ungezählte Mengen von Blumen, Kräutern, Pflanzen, Bäumen, Vögeln, Fischen und Kröten eingesammelt, und nicht einmal diese waren ausreichend. Ausgewachsene Waldbäume wurden auf speziell dafür konstruierten Karren herbeigeschleift und im Park wieder eingepflanzt. Als der Park seiner Vollendung entgegenging, gab es durch das sich biegende und windende Ufer und die große Ausdehnung der Wasserfläche tausend Ansichten und eine mannigfaltige Schönheit unerreicht in der Welt der Menschen. Einige Jahre später, um 610, berichtet der Chronist: ‚Des Gartens Grün, seine Bäume, Vögel und Tiere haben sich vermehrt zu üppiger Fülle; Wege mit Pfirsichbäumen und Seitenwege von Pflaumenbäumen treffen sich unter eisvogel-grünen Schatten. Goldene Gibbons und junges Wild eilen vorüber ... Eine Straße wurde angelegt vom kaiserlichen Palast in der Hauptstadt zu diesem Westlichen Park, abgesteckt durch große Föhren und stattliche Weiden. Der Kaiser würde den Park oft besuchen, der Eingebung des Augenblicks folgend sich ergehen, Wohnung nehmen und in der gleichen Nacht zurückkehren." (Loraine Kuck)

Für uns wesentlich erscheint die über die Notwendigkeit eines Jagdreviers offenkundig weit hinausgehende vollständige Versorgung des neuen Parks mit allen Arten von Pflanzen und Tieren, die in der Nachbarschaft lebten, so daß in dem neuen Gelände von vornherein ein vollständiges ökologisches System gesichert wurde – ganz im Sinne der „Welt als Einheit aller Geschöpfe" – und gleichzeitig als Voraussetzung für die am Ende des Berichtes bezeichnenderweise geschilderte gesunde Weiterentwicklung. Das bedeutet die Verwirklichung unserer neuesten Erkenntnisse über biologische und ökologische Zusammenhänge und Gesetze vor 1300 Jahren oder früher. Angesichts der symbolischen Bedeutung und spirituellen und natürlichen Lebensfähigkeit dieses Konzeptes erscheint seine fast unbegrenzte Lebendigkeit und Ausstrahlungskraft begreiflich. Der Park von Loyang war offenkundig das Vorbild sowohl für alle späteren großen chinesischen Parks und hat durch die Berichte von Attiret und Chambers – in gewisser Hinsicht auch den europäischen Landschaftspark beeinflußt. Heute haben wir die Verkörperung dieses Parktypus noch im Sommerpalast bei Peking und in alten Pekinger Palastgärten vor uns.

Gegen Ende der Han-Zeit wird auch von einem zweiten, andersartigen Gartentypus berichtet: dem Landgut vermögender Beamter oder Adeliger.

Auf der Flucht vor den Barbareneinfällen um Christi Geburt und etwa 300 Jahre später, aber auch als persönliches Schicksal des Lebens in der Verbannung, entdeckten die Chinesen die großartigen Gebirgslandschaften im Westen und Südwesten des Landes. Nach der Zerstörung Changans waren im ruhigen Süden des Landes inmitten unberührter Wälder und Gebirgslandschaften nicht nur Landsitze des Adels und der hohen Beamten, sondern auch eine rasch zunehmende Anzahl buddhistischer Klöster, aber auch die bescheidenen Einsiedeleien und strohgedeckten „Grashütten" der Dichter und Maler entstanden. Weit mehr als nur „Zuflucht", wurden sie offenbar rasch zu Orten der Vollendung der Persönlichkeit im Sinne des Taoismus und chinesischen Zen-Buddhismus, und darüber hinaus offenbar auch zu Zentren künstlerischer Arbeit.

Man hatte die Berge seit jeher als den Sitz der Unsterblichen angesehen. „Das Thema der Reise der erlösten Seelen in ein Bergparadies ist so alt wie die chinesische Literatur selbst." (Eduard H. Schafer)

Die für eine ganzheitliche Weltanschauung selbstverständliche Verbindung persönlicher, religiöser und künstlerischer Entwicklung dürfte zum Beispiel in der Gründung des „Westlichen und

„Grashütte" im Gebirge, Ming-Zeit

östlichen Waldklosters" bzw. der „Gesellschaft zum weißen Lotus" und den Grashütten seiner Laienmitglieder an einem besonders malerischen Fleck des Lushan-Gebirges im Tal des Yangtse zum Ausdruck gekommen sein, wie sie Tsung Ping (375–443 n. Chr.) schildert:

„Es gab da aufgetürmte Schichten von Felsen, auf denen die Föhren ganz dicht wuchsen; kleine Bächlein flossen zu beiden Seiten der Stufen herab, und weiße Wolken erfüllten seine Räume. Innerhalb des Kloster(bereich)s entwickelte Hiu Yuan einen besonderen Hain für die Meditation. Der Nebel hing in den Bäumen und tropfte auf die Pfade nieder, die mit Moos bedeckt waren. Jeder Fleck, den das Auge sah und der vom Fuß betreten wurde, war voll von spiritueller Reinheit und Majestät..."

Eine Beschreibung des Dichters Po-Chu-i (772 bis 864 n. Chr.) gibt eine Vorstellung der typischen „Grashütte", die an den Stil der japanischen Teehäuser, vielleicht aber auch an gewisse moderne Vorstellungen ländlicher Refugien erinnert. „Wie die meisten chinesischen Beamten machte Po-Chu-i Perioden politischer Gunst und Ungnade am Hofe mit. Während einer jener Perioden, während er in Ungnade gefallen war, wurde er auf einen entfernten Außenposten am Yang-tse geschickt. Während seines Aufenthaltes in diesem Distrikt baute er sich für sich selbst in jenen Bergen eine Zuflucht, welche er das ‚Grashäuschen' nannte, denn es war mit Stroh gedeckt.

Es hatte zwei oder drei Zimmer und vier Fenster. Ein Torweg, der sich nach Norden öffnete, ließ den Wind gegen die Sommerhitze ein, während hohe Sparren im Süden den Sonnenschein gegen die Winterkälte hereinnahmen. Das Rahmenwerk aus Holz war behauen, aber nicht bemalt, die Wände mit Lehm bestrichen, aber nicht geweißt. Die Stufen waren aus Natursteinen, die Fenster versehen mit Gittern aus Bambus und bedeckt mit Papier. Die Behänge waren von grobem, lose gewebtem Wollstoff, alles stimmte miteinander harmonisch überein."
(Loraine Kuck)

„Unmittelbar gegenüber dem Gebäude nach Süden", berichtet Po-Chu-i über die Umgebung seiner Grashütte, „war eine geebnete Fläche, etwa hundert Quadratfuß groß und vermutlich durch eine Mauer eingeschlossen. Quer über den

Betrachtung von Bäumen und Felsen aus einer „Grashütte" in einem nach Norden von einer Mauer geschützten Garten, Ming-Zeit

oberen Teil derselben war eine flache Terrasse gelegt. Jenseits der Terrasse und etwas weniger als halb so groß liegt ein viereckiger Teich, welcher von Bergbambus und wilden Kräutern umgeben war. In dem Teich pflanzte Po-Chu-i die Knollen des weißen Lotus und bevölkerte ihn mit weißen Fischen. Südlich des ebenen Hofes kam man zu einem felsigen Bach, der verengt wurde durch die Ausläufer uralter Föhren und Fichten. Sie waren fast achtzehn Spannen im Umfang und viele Fuß hoch, ihre großen Wipfel berührten die Wolken, ihre Zweige hingen tief über dem Wasser wie niedrig hängende Wimpel, wie ein Regenschirm, wie Drachenschlangen. Unter diesen Koniferen baumelten wilde Reben und Schlingpflanzen in einem dichten Gewirr, durch deren verwobene Schatten weder das Licht der Sonne noch des Mondes dringen konnte und unter denen die Winde des Sommers mit voller Kraft so kühlend bliesen wie im Herbst. Der Pfad, der durch dieses Unterholz ging, war bestreut mit weißen Kieselsteinen.

Fünf Schritte nach Norden (das heißt hinter der Hütte) endete die Lichtung auf einer Felsenklippe, in die Stufen geschlagen worden waren, so daß man hinaufsteigen konnte. Dieser Abhang war mit einem Gemisch von Felstrümmern und Wildpflanzen bedeckt. Ein grüner Schatten bedeckt sie und hüllt sie ein, betont durch rote Tropfen einer Frucht, deren Namen ich nicht kenne..., dann gibt es hier den ‚Fliegenden Frühling', der zwischen den Teebüschen gepflanzt ist. Ein Liebhaber dieser Dinge braucht hier bloß ein Feuer anzuzünden und Wasser zu kochen, um einen ganzen Tag hier zu verbringen." Um die allgemeine, zeitlose Bedeutung dieser Gärten zu verstehen, muß man Po-Chu-i über seine Gartenleidenschaft hören:

„Von der Jugend bis zum Alter schienen das geweißte Häuschen der Armut und die zinnoberroten Tore des Überflusses beide nur einen Tag zu dauern. Aber eine Terrasse zu bauen mit Lehm, den man aus einem Korb schüttet; einen Berg aufzuhäufen, mit Felsen, die man auf einer Tragstange herbeischleppt, einen Teich zu machen, mit Wasser, das man mit einer Schöpfkelle holt – die Freude an solchem Gartenbau hat mich immer erfüllt wie eine Art Besessenheit." (Loraine Kuck)

Offenbar ist es kein Zufall, daß Po-Chu-i Gouverneur von Hang-chu und von Sutchou war, der weltberühmten Stadt verfeinerter und phantasievoller Gartenkunst.

Im 5. Jahrhundert scheint eine Schwärmerei für Einsamkeit im Gebirge, für Wälder, Felsen und Wasserfälle zum Allgemeingut, ja zum Ehrgeiz der Gebildeten geworden zu sein.

„Die Dinge der Natur waren für sie nun nicht mehr nur Symbole kosmischer Kräfte, sondern lebendige und liebenswerte Geschöpfe. Diese Tendenzen fanden gegen Ende der T'ang-Zeit ihren Höhepunkt in der Gestaltung wild-romantischer Gärten. Den größten Einfluß auf die Entwicklung dieses Geschmacks hatte der Stadtgarten des Magnaten Li Te-yü im 9. Jahrhundert in Changan, der berühmt war wegen seiner seltsam geformten Steine und verwachsenen Fichten, die bei Gärtnern und Malern Mode wurden. Sein größter Stolz war jedoch ein Garten in den Bergen nahe der östlichen Hauptstadt Loyang; ein zeitgenössischer Autor beschrieb ihn als das wahre Paradies, als angemessene Residenz für göttergleiche Wesen. Seine Grenzen von etwa fünf Kilometer Länge umschlossen ein Gebiet, in dem es Pflanzen aus allen Teilen des Reiches gab – darunter neue und exotische Arten wie Magnolien, Kamelien, rotbeerige Nandin und die seltenen goldenen Lärchen.
Li Te-yü hielt dort auch viele Vögel und eine Sammlung seltener Steine; besonders stolz war er auf eine Nachbildung der Schluchten des Yangtse. Er rechtfertigte sein Interesse an seinen Gärten mit dem Argument, sie seien für einen Dichter notwendig, der bei der Darstellung der Natur genau sein müsse.
Eine Neuerung, die in erster Linie auf Li Te-yü zurückgeht, war die Darstellung des Weltenberges – der bisher als grundlegendes Element aller Gärten aus einem Hügel aus Erde und Geröll bestand – durch einen einzigen großen Stein. Er liebte Felsen von phantastischer und grotesker Form, besonders vom Wasser ausgewaschenen, durchlöcherten Kalkstein. Seinem Einfluß ist es zu danken, daß ein massiver, unregelmäßiger Fels, im taoistischen Sinne ein Bergparadies repräsentiert, zur Hauptattraktion vieler Gärten des 9. Jahrhunderts wurde." (Eduard H. Schafer)

So war Gartenkunst im Laufe des ersten Jahrtausends unserer Zeitrechnung gemeinsam – und oft in persönlicher Verbindung – mit Malerei und Dichtung zu einem der charakteristischsten Ausdrucksmittel chinesischer Kultur geworden, in dem drei wesentliche Elemente chinesischer Weltvorstellung und Naturbeziehung vereint waren:

Der kaiserliche Park, Sinnbild der Macht des Kaisers und Abbild seines Reiches im Sinne der Einheit aller Geschöpfe, mit dem Mittelpunkt der großen Wasserfläche mit ihren Felseninseln und Felsenküsten als Sinnbild der irdischen Welt und der Unsterblichkeit; das ruhige Leben inmitten dörflicher Einfachheit; schließlich ein Fleck gepflegter, wohnlich gemachter Wildnis, in dem man der Stimme der Natur lauscht. Diese drei Elemente haben – zusammen mit dem chinesischen Naturverständnis und der Gartenleidenschaft – aller späteren chinesischen Gartenkunst eine bis ins vorige Jahrhundert tragfähige Grundlage gegeben, deren Verkörperung wir heute noch im Sommerpalast vor uns haben, dessen ursprüngliche Benutzung Attiret so lebendig geschildert hat.

Reste der alten Palastgärten

Was Gartenkunst für China bedeutet hat und wie lange ihre ursprünglichen Vorstellungen lebendig geblieben sind, zeigen die großen Palastgärten im Bereich Pekings; der im 12. Jahrhundert angelegte und später von Kublai Khan ausgebaute Westpark – Hsi Yüan –, der die Verbotene Stadt an ihrer ganzen Westseite begleitet. Er stellt mit seinen drei Seen und den aus ihrem Erdaushub gewonnenen Inseln bzw. Terrassen – von denen die Bezeichnung „Ozeanterrasse" und „Inseln der Göttlichen Tugend" an die „Inseln der Unsterblichen" erinnern – den klassischen chinesischen Gartentyp in einer ausgedehnten Form dar.

Trotzdem hat er den Ansprüchen der Mandschu-Dynastie nicht genügt. Sie haben in der zweiten Hälfte des 17. Jahrhunderts außerhalb der Stadt, am Fuß der „Westberge", einen wesentlich größeren und reicheren Palastgarten angelegt und zu Beginn des 18. Jahrhunderts vollendet; den riesigen Komplex „Yüan-Ming-Yüan": Garten der Gärten, und den zugehörigen Komplex „Chan-Chun-Shan": Garten des ewigen Frühlings, sowie den „Wan-Shan-Shan", auf dessen Gelände sich der heutige Sommerpalast befindet. Nach Sirén war „das ganze Areal durchzogen von einem Netz von Kanälen, Seen mit gekrümmten Ufern und gewundenen Wasserläufen, zwischen denen die Gebäude auf Landzungen oder Inseln standen. Aus dem bei ihrem Aushub gewonnenen Erdreich sind Hügel und Terrassen gebaut worden, die von kleinen Pavillons gekrönt waren, während die Täler dazwischen mit Parks, Gärten und kleinen künstlichen Gebirgen mit blühenden Bäumen und Sträuchern bedeckt waren.

Die Lage der Gebäude auf verschiedenen Inseln ermöglichte Isolation für die zahlreichen Haushalte der ungeheuer großen Familie des Kaisers, der Frauen, Konkubinen, Kinder und Enkel, ferner für Tempel, Bibliotheken, Theater, Audienzräume und Zeremonialgebäude, ganz zu schweigen von Werkstätten, Bootshäusern usw. Jedes

Gebäude und jeder Platz hatte seinen bestimmten Namen, zum Beispiel:
‚Päonien-Terrasse'
‚Selbstporträt der Natur'
‚Haus des Frühlings zum blühenden Aprikosenbaum'

In dem 700 x 700 m großen ‚See der Glückseligkeit' — Fu-Hai — gab es drei kleine Inseln, genannt die ‚Inseln und Terrassen der Unsterblichen im Weltmeer' — sie waren nur durch Boote erreichbar.

Im Norden von Fu-Hai war das Gelände von Seen und Kanälen durchbrochen, und man sah vornehme Gebäude, zwischen ihnen den großen Palast Fang-Hu und Shang-Ching. Seine Vorderfront reichte mit Marmorterrassen ins Wasser."

Im Jahr 1860 sind diese märchenhaften Anlagen, die dem Jesuitenpater Attiret den Stoff für seine weltberühmten Briefe gegeben haben, von französischen und englischen Truppen geplündert und in Brand gesteckt worden.

Der Rest dieser früheren, unvorstellbar großzügigen Palast- und Parklandschaft, der heutige „Sommerpalast", bedeutet für Peking sowohl hinsichtlich Lage als ursprünglicher und heutiger Funktion etwa dasselbe wie die in der Nähe westlicher Hauptstädte gelegenen historischen Sommerresidenzen — sei es Versailles oder die Schlösser der Ile de France für Paris, Hampton Court für London, Laxenburg für Wien oder Potsdam für Berlin — ein altes Schloß mit großem Park ist zum beliebten, leicht erreichbaren Ausflugsziel heutiger Großstädter geworden. Als besonderer Reiz des Sommerpalastes wird wohl auch das durch die Nachbarschaft von Seen und bewaldeten Bergen gebildete, für Pekinger Verhältnisse besonders feuchte und frische Klima empfunden worden sein. Darauf deutet auch die Bezeichnung des auf dem höchsten Punkt gelegenen „Pavillons für Mondschein und Regen" hin, von dem aus sich ein weiter Blick auf den See mit seinen baumbestandenen Ufern, den Booten und der langen, geschwungenen Marmorbrücke mit ihren zahllosen Bogen eröffnet, der tatsächlich bei Regen ganz besonders reizvoll und charakteristisch wirkt.

Aber gerade angesichts dieser so tief verstandenen und betonten Wirkung der Landschaft erscheint es wichtig festzustellen, daß die Bauten und Höfe geometrisch streng und klar geordnet, als Architektur gestaltet sind, in deutlichem Gegensatz zur Unregelmäßigkeit der Topographie und Vegetation, deren Wirkung solcherart nicht nur nicht gestört, sondern im Gegenteil durch Kontrast gesteigert worden ist.

Dieses Prinzip ist in China offenbar von Anfang an — auch bei den Klöstern, Tempeln und Landsitzen im Gebirge — selbstverständlich gewesen, die immer auf regelmäßigen Terrassen stehen, die als Bestandteile des architektonischen Konzeptes aufgefaßt und gestaltet sind. Viele alte Darstellungen zeigen ja deutlich den offenbar bewußt gesuchten Kontrast zwischen der Regelmäßigkeit der gebauten und der Unregelmäßigkeit der landschaftlichen Elemente des Gartens — wenn sich zum Beispiel bizarre Blütenbäume oder Föhren von den ruhigen Flächen und Linien der Mauern oder Terrassen abheben. So liegt auch der Sommerpalast als ruhige, symmetrische Anlage unmittelbar am Ufer und steigt mit Treppen, hohen Mauern, Terrassen und Pavillons den dahinterliegenden Hang hinauf, wo sich die Gebäude, immer lockerer verteilt, in der bewaldeten Berglandschaft verlieren. Eine dieser Gebäudegruppen ist — in offenkundiger Anlehnung an die Gärten von Sutchou — um die Fels-Ufer eines zentralen Teiches gruppiert.

Über den Zustand und die Benutzung dieser und anderer Palastgärten um 1740 berichten uns die berühmten Briefe Attirets, die, nach Clifford, 1747 in Frankreich und 1752 in England veröffentlicht wurden und als wichtiger Impuls für die Entstehung des englischen „poetischen" Landschaftsgartens dieser Zeit angesehen wurden, der damals dementsprechend als „anglochinesisch" bezeichnet worden ist:

„Der kaiserliche Palast zu Peking und seine Gärten bieten nur das Großartigste und Schönste, und zwar sowohl in Planung und Ausführung. Ich kenne Frankreich und Italien, doch habe ich nirgends Ähnliches erblickt.
Der Palast ist mindestens so umfangreich wie die Stadt Dijon. Er besteht aus einer großen Zahl von Hauptgebäuden, die, voneinander getrennt, in angenehmer Symmetrie angeordnet sind. Zwischen ihnen befinden sich geräumige Höfe und Gärten. Die Fassaden dieser Gebäude strahlen durch die Vergoldung, den schimmernd-glänzenden Anstrich und durch die Bemalung. Im Innern sind sie geschmückt mit allem, was China, Indien und Europa an Schönem und Kostbarem bieten.
Die Gärten sind ungemein köstlich. Auf ausgedehntem Gelände angelegt, wurden darin kleine zwischen zwanzig und sechzig Fuß hohe Hügel errichtet, so daß eine Unmenge kleiner Täler entstanden ist. Die Sohle dieser Täler benetzen künstliche Wasseradern, die sich an mehreren Stellen vereinigen, um Teiche und Seen zu bilden. Diese Kanäle, Teiche und Seen werden mit wundervollen und ansehnlichen Barken befahren. Ich habe eine solche gesehen, die eine Länge von sechsundzwanzig Metern und eine Breite von acht Metern aufwies und auf der sich ein prächtiges Haus befand. Am Rande der Wasserläufe befinden sich Anlagen, die sich aus mehreren großen Gebäuden, Höfen, offenen und geschlossenen Galerien, Hainen, Beeten und Kaskaden zusammensetzen, wodurch ein Gesamteindruck hervorgerufen wird, der einzigartig ist.
Man entfernt sich nicht etwa aus einem Tal auf einer schönen geraden Allee wie in Europa, sondern auf Zickzackwegen, auf gekrümmten Pfaden, die mit kleinen Pavillons und Grotten geschmückt sind. So gelangt man in ein zweites Tal, das von dem vorigen völlig verschieden ist, sei es nun durch die Gestaltung des Bodens, sei es durch die Gestalt der Gebäude. Sämtliche Berge und Hügel sind mit Bäumen bedeckt, vor allem mit den hier sehr häufigen Blütenbäumen. Wahrhaftig: es ist ein irdisches Paradies! Die Kanäle sind mit roh behauenen Felsstücken gesäumt, die abwechselnd vor- und zurücktreten und so kunstvoll gesetzt sind, daß man sie für ein Werk der Natur halten könnte. Das Gewässer ist bald breit, bald schmal, hier schlängelt es sich, dort macht es eine Biegung, so als sei es tatsächlich von Hügeln und Felsen bedrängt worden. Zwischen den Steinen am Rande brechen Blumen hervor, so als habe die Natur sie angeordnet. Und jede Jahreszeit hat die ihrigen.
Geht man die mit kleinen Kieselsteinen bestreuten Wege entlang und gelangt in ein Tal, so erblickt man die Gebäude mit ihren Fassaden aus Säulen und Fenstern. Das Gebälk ist vergoldet, bemalt, gefirnist; das Mauerwerk aus grauen, fein polierten Ziegelsteinen; die Dächer sind mit glasierten Ziegeln gedeckt in Rot, Gelb, Blau, Grün und Violett, was ein lebendiges, vielfältiges Muster ergibt. Diese Gebäude, die sich von zwei bis acht Fuß über den Boden erheben, besitzen meist nur ein Erdgeschoß, einige von ihnen allerdings auch noch ein weiteres Stockwerk. Zu diesem gelangt man nicht etwa über kunstvoll steinerne Stufen, sondern über Felsanlagen, die wie von der Natur gebildete Treppen aussehen. Nichts könnte stärker an jene Märchenschlösser erinnern, die inmitten einer Einöde und auf Felsen errichtet sind und zu denen der Zugang nur holprig und gewunden ist.
Die Innenräume nehmen es mit der Pracht des Äußeren durchaus auf. Ihre Anordnung ist harmonisch, Möbel und Schmuck sind von erlesenem Geschmack und überaus kostbar. In den Höfen und Durchgängen stößt man häufig auf Vasen aus Marmor, Porzellan oder Kupfer, gefüllt mit Blumen, zuweilen auch auf Bronzefiguren, die Tiere von symbolischer Bedeutung darstellen, sowie auf Urnen, in den wohlriechende Essenzen verbrannt werden. Jedes Tal besitzt also sein Lusthaus, klein mit Rücksicht auf die Gesamtfläche der Einfriedung, aber groß genug, um den größten unserer europäischen Herrscher mitsamt seinem Gefolge aufzunehmen.
Eine Reihe dieser Häuser oder Palais sind von Zedernholz, das unter größtem Kostenaufwand fünfhundert Wegstunden entfernt von Peking herbeigeschafft worden ist. Von dieser Art Häuser gibt es mehr als zweihundert hier, nicht einbegriffen die gleiche Anzahl Häuser für die Eunuchen, welche jeden einzelnen Palast bewachen sollen. Ihre Wohnungen liegen stets abseits, mehrere Meter entfernt. Da sie von ziemlich einfachem Äußeren sind, werden sie oftmals durch Hügel verborgen.
In gewissen Abständen spannen sich Brücken über die Kanäle; sie sollen eine leichtere Verbindung zwischen den einzelnen Teilen der Anlage schaffen. Diese Brücken bestehen im allgemeinen aus Ziegeln, behauenen Steinen, einige sind aus Holz, und alle von einer Höhe, die genügt, um die Durchfahrt von Barken nicht zu behindern. Das Brückengeländer bilden Balustraden aus kunstvoll bearbeitetem und mit Reliefs geschmücktem Marmor, doch gibt es auch hier stets Abweichungen und Abwechslung, entweder sind sie im Winkel oder geschwungen angelegt. Man sieht Brücken mit kleinen Pavillons, die auf vier, acht oder sechzehn Säulen

ruhen. Diese Pavillons stehen immer dort, wo sie den schönsten Ausblick bieten. Andere Brücken wiederum tragen zu beiden Enden Triumphbogen aus Holz oder weißem Marmor. Wie ich sagte, münden diese Kanäle in Seen. Einer dieser Seen nimmt fast eine halbe Wegstunde Durchmesser in Anspruch und erhielt den Namen eines Meeres. Er ist einer der schönsten Punkte in der ganzen Umgebung. Rings um das Ufer dieses Sees liegen große Gebäude, die untereinander durch Kanäle und durch künstliche Erhebungen, wie ich schon berichtete, getrennt sind. Das Reizvollste an diesem ‚Meer' ist jedoch eine Insel, vielmehr ein Felsen von wildem Aussehen, der sich daraus erhebt. Darauf ist ein kleines Palais erbaut, das immerhin mehr als hundert Zimmer zählt. Von dort erblickt man alle anderen Gebäude am Ufer des Sees, alle Berge, die dort enden, alle Kanäle, die dorthin führen, alle Brücken in äußerster Entfernung oder an der Einmündung der Kanäle, alle Pavillons oder Bögen, die diese Brücken schmücken, und alle Haine, in denen sich die Häuser verbergen.

Keine Stelle des Seeufers ähnelt der anderen: hier geschliffene Steine, dort Felsenkais, die mit aller erdenklichen Kunstfertigkeit in Form von Amphitheatern errichtet wurden, an einer anderen Stelle wiederum schöne Terrassen mit Stufen zu jeder Seite, die zu den Gebäuden heranführen. Jenseits dieser Terrassen erheben sich weitere Terrassen mit Gebäuden in amphitheatralischer Anlage. An einer Stelle leuchtet ein Wald von Blütenbäumen, ein wenig weiter trifft man auf ein Gehölz wilder Sträucher, die nur in der Bergöde wachsen. Auch gibt es Wälder aus Bäumen des Hochwaldes, aus ausländischen Bäumen und Obstbäumen.

Ebenfalls gibt es an den Ufern dieses Sees zahlreiche, teils im Wasser, teils auf der Erde befindliche Käfige und Gehäuse für Wasservögel aller Arten sowie kleine Tiermenagerien und Anlagen für die Jagd. Besonders auffallend ist eine Art Goldfisch, dessen Haut wie echtes Gold leuchtet; indessen befinden sich hier auch zahlreiche silberne, blaue, rote, grüne, violette, schwarze und graue Fische. Sämtliche Gärten enthalten mehrere Fischreservoirs. Das Beachtlichste daran ist jedoch ein großer, von gitterartigem Netz aus feinen Kupferfäden umgrenzter Raum, der die Fische hindert, sich im ganzen See auszubreiten.

Ich möchte Euch zu diesem bezaubernden Ort bringen können, wenn der See übersät ist mit vergoldeten Barken, die spazierenschwimmen, in denen gefischt wird, mit denen Kämpfe wie Lanzenbrechen und andere vergnügliche Spiele ausgefochten werden; vor allem aber in einer schönen Nacht, wenn dort Feuerwerke steigen und alle Paläste, alle Barken und beinahe sämtliche Bäume beleuchtet sind. Lassen uns die Chinesen, was Illuminierung und Feuerwerk betrifft, doch weit hinter sich.

Der Ort, an dem sich gewöhnlich der Kaiser aufhält und wo auch alle seine Frauen wohnen – die Kaiserin, die Ku-si Fei, die Fei, die Ku-si kin, die Tsang-tsai (das sind die Titel der Frauen, je nach Rang oder Gunst; der Name der Kaiserin lautet Hoanghe u, der Kaisermutter Tai-He-u), die Dienerinnen und die Eunuchen, ist eine beachtliche Anlage von Gebäuden, Höfen und Gärten, kurzum: eine ganze Stadt. Die übrigen Palais sind nur zum Lustwandeln und zum Dinieren bestimmt.

Hier ist vor allem darauf geachtet worden, daß sich die einzelnen Gebäude möglichst voneinander unterscheiden und daß in sämtlichen Teilen der Gärten Vielfalt, Unregelmäßigkeit und Asymmetrie vorherrschen. Und in der Tat könnte man sagen, daß jedes dieser Häuser nach den Ideen und Modellen eines fremden Landes errichtet worden ist.

Galerien, wie ich sie Euch beschreiben will, gibt es wohl nur hier in diesem Lande. Ihr Hauptzweck ist es, die recht weit voneinander getrennt liegenden Hauptgebäude miteinander zu verbinden. Manche von ihnen haben an der Innenseite Pilaster und sind an der Außenseite durchbrochen von unterschiedlich geformten Fenstern. Zuweilen bestehen sie auch ganz aus Pilastern, wie jene, die von einem Palast zu einem der offenen Pavillons führen. Einzigartig ist, daß diese Galerien keineswegs in gerader Linie verlaufen, sondern Hunderte von Umwegen einschlagen, bald hinter einen Hain, bald hinter einen Felsen, gelegentlich um einen kleinen See oder um einen Wasserlauf.

Wie ich sagte, sind diese Paläste oder Lusthäuser von ungeheurem Prachtaufwand. Ich habe beobachtet, wie im vergangenen Jahr eines dieser Häuser innerhalb dieses Geländes gebaut wurde und das einem Vetter des Kaisers sechzig Yüan kostete, das sind vier Millionen und fünfhunderttausen Livres; die Verzierungen und die Inneneinrichtung erschienen nicht auf dieser Rechnung, und man kann danach auf die immensen Summen schließen, welche sämtliche Gärten gekostet haben müssen. Überdies sind diese Gärten mit all ihrem Zubehör ein Werk von zwanzig Jahren. Der Vater des jetzigen Herrschers hat sie begonnen, und dieser hat sie erweitert und verschönt.

Übrigens heißt das Ergebnis dieses erstaunlichen Lusthauses Yüven-ming-yüven, das ist: der Garten der Gärten. Von dieser Art besitzt der Kaiser noch drei weitere Lusthäuser, die jedoch kleiner sind und von geringerer Schönheit. In einem dieser Häuser wohnt die regierende Kaiserin mit ihrem Hof."

„On Oriental Gardening"

Der bekannte Aufsatz von Chambers versucht dagegen schon sehr deutlich, Kriterien und Anregungen für europäische Gartenkunst zu gewinnen, vielleicht auch die Bestätigung eigener Auffassungen zu konstruieren.

Trotz des begreiflicherweise großen Eindrucks dieser Schilderungen ist die Gartenrevolution des 18. Jahrhunderts offenbar nicht durch Attirets Nachrichten ausgelöst worden; denn die bekannten Chinoiserien in den europäischen Rokokogärten, die Pagoden in Drottningholm, in Kiew, in Nymphenburg und anderenorts sind wesentlich früher – 1815 bis 1820 – entstanden, und auch die Bedeutung der 1772 verfaßten Dissertation „On Oriental Gardening" von Chambers liegt ja weniger in ihrer bestrittenen Authentizität als vielmehr darin, daß Chambers den fernöstlichen Garten als Argument für seine eigenen, neuen Auffassungen von Gartenkunst benutzt hat.

Gleichgültig, wieweit wir die Äußerungen Attirets und Chambers unmittelbaren Erlebnissen oder der von entsprechenden Nachrichten beflügelten Begeisterung für eine neue Gartenwelt verdanken – gleichgültig, ob sie die europäische Gartenrevolution des 18. Jahrhunderts mitausgelöst oder nur unterstützt haben –, sie und mancher damals entstandene europäische Gartenentwurf sind jedenfalls Dokumente des starken Eindrucks, den chinesische Kultur schon damals auf Europa gemacht hat, ähnlich wie im Jahr 1900 chinesische Landschaftsmalerei, japanische Farbholzschnitte und vieles andere dem europäischen Jugendstil entscheidende Anregung gegeben hat.

Ähnlich erleben wir ja heute, wie die ursprünglich von China beeinflußte japanische Gartenkunst ebenfalls ihren Einfluß auf die westliche Welt ausübt – wobei hier weniger ein sichtbarer Niederschlag in westlichen Entwürfen gemeint ist als vielmehr der Gewinn neuer Gesichtspunkte und Kriterien, neuerer und besserer Qualitätsmaßstäbe.

Im übrigen haben charakteristische Elemente europäischer Landschaftsgärten früherer Zeit bemerkenswerte Parallelen in China oder umgekehrt. Wenn zum Beispiel in dem bekannten Roman der Tsing-Zeit „Der Traum der roten Kammer" ausführlich beschrieben wird, wie die Besitzer des „Parks der Augenweide" charakteristische Punkte wie Brücken, Tore und Gebäude mit Inschriften schmücken, so erinnert das sehr an die Sitte, in europäischen Gärten der Romantik „Freundschaftstempel", Obeliske, Steine usw. mit Sinnsprüchen zu „verzieren".

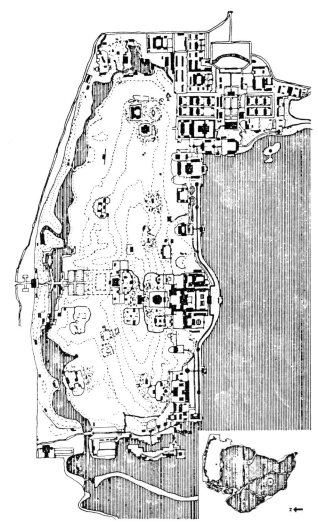

Oben: Sommerpalast, Plan
Rechts: Blick vom „Pavillon für Mondschein und Regen" und Tordetail, Sommerpalast

188

S. 186:
Garten beim Haus des „Meisters der Netze", Sutchou
S. 187:
Rechts: Im Y-Garten, Shanghai
Links: Zinnoberrotes Mondtor im Westkloster, Sutchou
S. 188/189:
Aus dem „Löwenwäldchen", Sutchou

„Garten des Verweilens", Sutchou

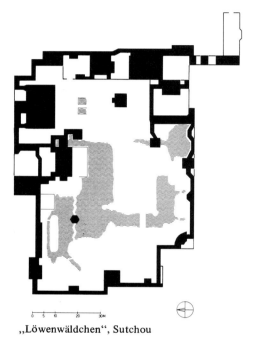

„Löwenwäldchen", Sutchou

„Garten der Politik des Einfältigen", Sutchou

Gärten in Sutchou und Shanghai

Die besondere Atmosphäre Sutchous, seine baumbestandenen Straßen zwischen fensterlosen, weißen Mauern mit schwarzen Sockeln, Gesimsen und Dächern, zwischen denen da und dort ein ganz schwarz gefärbeltes Haus steht, so wie in den benachbarten Dörfern und Gutshöfen, die niedrigen, räumlich differenzierten Straßenfronten mit ihren einfachen Toren, hinter denen die Wohnhäuser ihre kultivierten Innenräume und Gärten verschließen – diese Atmosphäre wäre wohl nicht denkbar ohne die Anziehungskraft, die der Süden Chinas schon früh auf Gelehrte, Künstler und die im alten China immer sehr gebildeten Beamten ausgeübt hat. Der kaum überbietbare Kontrast zwischen der anonymen äußeren Erscheinung dieser Häuser und dem farbig, phantasievoll und persönlich gestalteten Inneren wirkt wie die drastische Verkörperung des bekannten Satzes von Adolf Loos: „Das Haus sei nach außen verschlossen, nach innen entfalte es seinen ganzen Reichtum." Den für Europa zunächst kaum vorstellbaren inneren Reichtum zeigen heute noch die überraschend schönen, öffentlich zugänglichen Gärten bestimmter Häuser in Sutchou.

„Betritt man den Garten – häufig durch ein rundes Tor – trifft man auf unregelmäßige Formen und geschwungene Bewegung. Geschlängelte Wege mit unbearbeiteter Oberfläche sind absichtlich roh gelassen. Die ‚gesellschaftlichen Bindungen' fallen ab, wenn sich der Mensch dreht und wendet, um dem Weg der Natur entlang dem Gartenpfad zu folgen. Die Regeln für die Gartenarchitektur unterscheiden sich ganz grundsätzlich von denen der Palastarchitektur.

Hier besteht auch ein neues Verhältnis zwischen dem Menschen und seiner Architektur. Anstatt einer Reihe von rituellen Vorschriften zu folgen, wie bei dem Palastbau, nimmt der Mensch Anteil an der Planung seines eigenen Gartens und empfindet die Genugtuung, sich hier selbst ausdrücken zu können. Auch darf ein Garten – im Gegensatz zum Palast – nie endgültig geplant sein und geht ja auch wirklich – wie eine Gemälderolle – von einem Besitzer auf den anderen über, erhält dabei immer neue Nachschriften und wird so zu einem Symposion durch die Zeiten. Daher ist jede besondere Gartenanlage nur ein kurzer Blick im Wechsel der Szenen". (Nelson J. Wu)

In dem ältesten dieser Gärten, der schon um 1350 von einem Mönch angelegt worden sein soll und der im Hinblick auf einige zu Assoziationen anregende Steingruppen „Shi-tzu-lin" – Löwenwäldchen – heißt, ist das ursprüngliche symbolische Konzept der alten Palastgärten noch deutlich zu spüren: in einer großen, dominierenden, von steilen und zerklüfteten Felsufern umgebenen Wasserfläche stehen Steinblöcke als Erinnerung an die „Inseln der Unsterblichen im östlichen Meer". Man betritt den Garten durch einen kleinen, ruhigen, schönen Hof mit Mondtor, mit alten Steingruppen und einer Magnolie und gelangt sodann nach einer längeren Wanderung über die Felsenufer durch einen engen, dunklen, gewundenen Felsentunnel auf einen Gipfel, der von alten, bizarren, zum Teil schon entrindeten Nadelbäumen überdacht ist. In ihrem Schatten stehen riesige Steine, teils in Form hoher, schlanker Nadeln aus Urgestein, die mit den Stämmen der Föhren konkurrieren, teils in Form großer, zu abenteuerlichen Formen ausgewaschener Kalksteinblöcke, denen der Garten seinen Namen verdankt – insgesamt eine unerhört spannungsreiche Folge kontrastierender, ja dramatischer Raum- und Formerlebnisse, wie sie wohl nicht so leicht von einem anderen Garten erreicht oder überboten werden.

Der später entstandene wesentlich größere „Cho-Cheng-yuan" – „Garten der Politik des Einfältigen" – unterscheidet sich trotz aller Ähnlichkeit des Grundkonzeptes mit seiner mittleren, dominierenden Wasserfläche in seinem Stimmungsgehalt vom „Löwenwäldchen" entscheidend: der ganze Gartenraum wirkt ruhig, einladend und im Gegensatz zu den meisten anderen chinesischen Gärten einfach und übersichtlich in der Gesamtanlage, worauf vielleicht auch der Name des Gartens anspielt. Schon nahe dem Eingang bietet ein kleiner Pavillon von quadratischem Grundriß mit großen, kreisrunden Mondöffnungen in jeder Wand Aussicht nach allen Seiten. Am anderen Ende der zentralen Wasserfläche tritt eine von Hallen und Pavillons umbaute breite Terrasse unmittelbar an das Wasser heran, dessen abzweigende Nebenarme von hölzernen Galerien zwischen Pavillons überbrückt werden: und in einem etwas abgesonderten Teil überrascht eine große Sammlung alter Zwergbäume aller Art und Größe, die vor einer weißen Mauer stehen, von der sich ihr feines Geäst wie eine reiche Graphik abzeichnet.

Hier, wie in den verschiedenen Pavillons dieses Gartens, die sich mit überdeckten Terrassen zu ruhigen begrenzten Teilen des Gartenraums öffnen, ist jene Stimmung des entspannten, beschaulichen Naturerlebnisses zu fühlen, die man wohl als Voraussetzung jenes Eingehens in den „Weg" oder „Sinn", in das „Tao", als Vollendung des Lebens zu verstehen hat, in dem sich für chinesische Vorstellungen die Persönlichkeit erfüllt.

Diese Grundhaltung hat offenbar auch dem „Garten des Verweilens" Namen und Charakter gegeben, obgleich er nicht um eine einheitliche, übersichtlich gegliederte Wasserfläche gruppiert ist, sondern mit mehreren Räumen um gegliederte Wasserflächen und damit dem alten Ziele der gewundenen Ufer mit ihren überraschend wechselnden Bildern entspricht – und Überraschungen bietet dieser Garten auch in den Details. Hinter einem repräsentativen Vorhof mit Ahnentempel gelangt man in einen gedeckten, verhältnismäßig dunklen Gang mit seitlichen polygonalen und rechteckigen Öffnungen, durch die man in von der Sonne beleuchtete Nischen blickt, in denen bizarre Steine, Päonien und im Winde bewegter Bambus stehen, dessen bewegte Schatten auf die weiße Mauer unmittelbar dahinter fallen: hier ist Gartenkunst nicht mehr Malerei oder Lyrik allein, sondern auch Film geworden, während sie andererseits mit den Wirkungen der Plastik arbeitet, wenn in Mauernischen mit runden und rechteckigen Blicköffnungen riesige, phantastisch geformte Steinblöcke stehen, die da und dort von den Ranken alter Glyzinien umwunden sind. Nichts von der lebendigen Fülle dieser Gärten ist von den Straßen auch nur zu ahnen – sie verschwinden hinter den schwarzen Dächern der Nachbarhäuser, und auch die einfachen weiß-schwarzen Eingangsbauten oder die einfachen dunklen Türen an der Straße verraten nichts.

Diese Haltung entspricht der anderer alter Kulturen; auch die weiträumigen und oft luxuriösen Höfe der antiken Häuser des Mittelmeerkreises sind immer den Blicken von außen verborgen geblieben und erst recht die mohammedanischen Häuser Persiens oder der türkischen Wohnkultur am Balkan. Und kein Blick dringt von außen in die märchenhaften Gärten der Alhambra.

Sogar die großen, repräsentativen barocken Schloßgärten sind ja in den meisten Fällen zum größeren Teil von Mauern umgeben, und auch die Höfe und Gärten der bescheidenen Wiener Bürgerhäuser des Biedermeier haben ihre kleinen Höfe und Gärten hinter Mauern verborgen – wie im Zentrum Londons in St. James, wo die großen Gärten hinter hohen Ziegelmauern versteckt sind.

Chinesische, orientalische, mediterrane Gärten repräsentieren nicht, sie wollen nicht mehr scheinen, als sie sind: ihre Welt ist in Übereinstimmung mit den persönlichen Bedürfnissen und Vorstellungen des Besitzers und genügt ihm daher. Jeder solcher Gärten, am deutlichsten der chinesische, ist eine in sich geschlossene, sich selbst genügende Einheit, ein Mikrokosmos, Spiegelbild des Universums, wenn auch in noch so bescheidener Form.

In dem schönsten, elegantesten und „modernsten" Haus in Sutchou, dem Haus des „Meisters der Netze", sind die Grenzen zwischen Wohnhaus und Garten fast verschwunden: die allseits freie Terrasse in einem Gartenhof, der Sitzplatz unter einem Dach auf vier Stützen, das von zarten Gittern begleitet wird, die überdeckte Terrasse am Wasser, der von hölzernen Gittern umgebene Aufenthaltsraum, von dessen Fenster man auf Felsgruppen und Bambus blickt.

Auch innerhalb des Hauses spielen plastische Felsgruppen eine Rolle, die hinter einem Fenster stehen, das von feingliedrigen Gittern umgeben ist, wodurch die Fensteröffnung nicht wie ein hartes Loch in der Mauer wirkt, sondern gleichsam schrittweise in die Wandfläche übergeht. Vor diesem Fenster steht auch im Inneren auf einem Tischchen ein kleiner interessanter Stein. So hat der alte Gedanke der Felseninsel der Unsterblichen im östlichen Meer über die Seen der Palastgärten und die Teiche und Steine in den Gärten der Wohnhäuser seinen folgerichtigen Weg bis in den Wohnraum hinein gefunden, wo er eine Art Kontrastpunkt bildet, durch den die ruhige, strenge und elegante Wirkung des gebauten Raumes mit seinen weißen Mauern

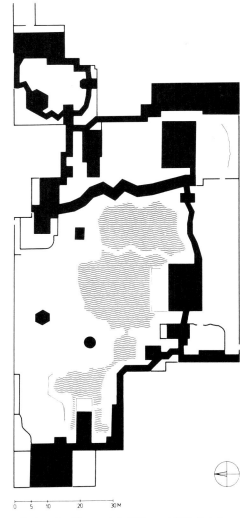

„Garten der Harmonie", I-Yuan, 1880, Sutchou

gesteigert wird, an denen schwarz-weiße Steinabreibungen und schmale Rollbilder hängen, mit seinen sehr schlanken, glänzend schwarz polierten runden Säulen auf Steintrommeln, die auf dem Steinboden stehen, dem dunklen, durchwegs sichtbaren Dachgebälk und den raumhohen, roten, hölzernen Gittertüren, die sich nach Süden zu dem ebenfalls von weißen Mauern umgebenen Hof mit seinen beiden Magnolienbäumen und dem reich verzierten grauen Steintor mit den steinbelegten Türflügeln öffnet – insgesamt ein klarer, zurückhaltender Hintergrund für die Buntheit eines Lebens, das diese Räume früher mit farbigen Seidengewändern erfüllt hat und heute noch mit leuchtend farbigen Lampions belebt.

Den Einfluß von Zeit und Ort auf die Entwicklung des chinesischen Gartens zeigt ein Vergleich des in der zweiten Hälfte des vorigen Jahrhunderts entstandenen Gartens eines Mandarins in Shanghai – Yü-yuan – mit den Gärten von Sutchou. Während diese, von außen kaum auffindbar, ganz hinter Mauern und Dächern verschwinden, sind in Shanghai die ausdrucksvoll aufgebogenen, schwarzen Dächer hochliegender, zum Teil zweigeschossiger Pavillons schon von weitem über den Mauern des Gartens zu sehen, die oben von der schwarzen Wellenlinie des schuppenbedeckten Schlangenkörpers des alten Drachensymbols begrenzt sind. Zu dem Schwarz-Weiß der Mauern, Sockel, Dächer, Gesimse und den blauen keramischen Gittern in den Maueröffnungen tritt das rotlackierte Holz zahlreicher Pavillons, die zum Teil auf die Spitze hochgetürmter Felseninseln gestellt sind, zum Teil Höfe bilden, die von roten Gitterwänden umschlossen sind. Rot lackierte Bänke mit schrägen Lehnen begleiten die Wandelgänge, verschiedenartige Holzgitter trennen wie Schleier die Raumabschnitte und Höfe voneinander; alles in allem sind auch in der Gestalt dieses Gartens formale Parallelen zu gleichzeitigen europäischer bildender Kunst unverkennbar – wie eine gewisse Überladenheit der Details, die weniger klar und ursprünglich als eklektisch oder manieriert wirken.

Obgleich auch hier Wasserflächen eine Rolle spielen, aus denen Felsen oder regelmäßige senkrechte Natursteinmauern aufsteigen, über denen hohe Holzpavillons stehen, bildet das

Wasser keine so dominierende Rolle mehr wie in Sutchou. Die hohen Mauern, die die einzelnen Teile des Gartens weitgehend voneinander trennen, sind nicht nur von kreisförmigen Mondtoren durchbrochen, sondern auch von anderen, frei geformten Öffnungen, die oft von ornamentalen Linien begleitet werden. Zwischen rötlichen, quaderförmigen Steinblöcken, Gartenmauern und Pavillons entstehen enge Wege als wirksamer Kontrast zu weiten Plätzen, auf denen die großen, bizarren Kalksteinblöcke stehen. Palmblätter werfen fingerförmige Schatten auf weiße Mauern, große Kamelienbäume mit einfachen zinnoberroten Blüten stehen in großen Töpfen an den Wegen, rote Holzgitter verschiedener Art trennen Höfe von Wegen und Pavillons ab.

Hinter dieser betont kontrastreichen und vielfältigen Gestaltung steht hier offenbar der Wunsch nach Wirkung, vielleicht auch nach Repräsentation in unserem Sinne — nicht unähnlich dem Charakter europäischer Architektur derselben Zeit, deren schöpferische Qualität man ja in den letzten Jahren zu verstehen begonnen hat.

Auch in diesem späten Garten kommt aber der Charakter, das Konzept und die weltanschauliche Grundlage aller chinesischen Gärten sehr fühlbar zum Ausdruck. Unabhängig vom zeit- und stilbedingten Wechsel der Formensprache faszinieren alle chinesischen Gartenräume durch den Reichtum malerischer, plastischer und räumlicher Erlebnisse, die eine unerschöpfliche Phantasie und hohe Sensibilität gärtnerischer Gestaltung bietet, die tatsächlich Plastik, Malerei, Lyrik — und Film! — zugleich ist — eine Welt lebendiger Vielfalt von großem Reichtum, die trotzdem nirgends chaotisch, sondern immer beruhigend einheitlich wirkt, weil sie einen Mikrokosmos darstellt, der sich bei aller Freiheit im Einzelnen immer übergeordneten Lebensgesetzen einfügt und vor allem die chinesische Welt-Anschauung bzw. Welt-Vorstellung im wörtlichen Sinne verkörpert, also Sinnbild des Universums bleibt, dessen Gesetzmäßigkeiten sich der Mensch bescheiden unterordnet — und vielleicht auch in dieser Hinsicht für den Westen von einigem Interesse sein müßte.

S. 192:
Tor im „Garten des Verweilens" in Sutchou
S. 193:
Tor im Y-Garten in Shanghai
S. 194:
Charakteristische Felsmotive im „Garten des Verweilens", Sutchou
S. 195:
Felsen und Inseln vor der japanischen Küste

JAPANISCHE GÄRTEN

Unabhängig von jenen Anregungen, die Japan am Anfang des 7. Jahrhunderts durch die Kenntnis chinesischer Palastgärten erhalten haben mag, beruhen die Gärten beider Länder auf verwandten mythologischen bzw. religiösen Grundlagen. Dazu gehören:

Die Vorstellung der Inseln der Seligen, die in Japan wie in China als Teichinseln wiederkehren. Sie kommt in Japan in der Sage von Izanagi und Izanami zum Ausdruck, dem Götterpaar, das die japanischen Inseln erschaffen hat, und das bis heute in der Nähe von Ise durch zwei Felsen im Meer verkörpert wird, die durch ein Strohseil verbunden sind, das wie die Ise-Schreine alle 20 Jahre erneuert wird;

die große Wasserfläche als Zentrum des Gartens und Sinnbild des Meeres mit Steinblöcken und kleinen Inseln als Erinnerung an die Inseln der Seligen;

die Pflanzen- und Tiersymbolik, derzufolge zum Beispiel in japanischen Trockengärten Steine gesetzt sind, die an Kraniche und Schildkröten, die Sinnbilder der Langlebigkeit, erinnern;

die besondere Wertschätzung, ja Verehrung großer Steine, ihre symbolische Bedeutung als neben dem Wasser wichtigstes Element sowohl chinesischer wie japanischer Gärten. „Gott schläft im Stein", sagt ein chinesisches Wort;

die Darstellung des Weltberges Shumi, der in China als großer Felsen, in Japan als einzelner Stein oder als Steingruppe, aber auch als Sandkegel zu finden ist – wie zum Beispiel beim Silberpavillon in Kyoto, wo er offenbar Japans heiligen Berg Fuji darstellt;

der auffallende Kontrast zwischen der strengen Regelmäßigkeit des Stadtplans einerseits, wie sie in dem von China beeinflußten Nara besonders deutlich ist, und der Unregelmäßigkeit und dem freien Landschaftscharakter des Gartens andererseits;

die Tatsache, daß in beiden Ländern Gärten nicht nur von Architekten, sondern mehr noch von Laien – Dichtern, Malern, Gelehrten – gestaltet wurden;

und schließlich scheinen die Paläste der Heian-Zeit im 8. bis 12. Jahrhundert mit ihren Terrassen, rotlackierten Holzkonstruktionen der Paläste und Brücken, mit ihren Bootsfahrten und von Lyrik und Musik begleiteten Festen zur Zeit der Baumblüte den chinesischen Palästen und Palastgärten sehr verwandt.

Aber mit dem Aufstieg der Samurai-Familien um das Jahr 1000 beginnen sich die Grundlagen für die Gärten offenbar zu ändern: Neben den chinesischen Gärten mit ihren zentralen Wasserflächen und Inseln entsprechenden Teichgärten treten Trockengärten auf, deren Konzepte weit zurückreichen und in denen Wasserflächen durch wellenförmig geharkte Sandflächen und Bäche und Wasserfälle durch entsprechend ausdrucksvolle Steinsetzungen dargestellt werden.

Die zurückhaltende, reduzierende und abstrahierende Ästhetik des Zen-Buddhismus hat dem japanischen Garten jedenfalls ein Gepräge gegeben, um dessentwillen er seit etwa 80 Jahren von der ganzen Welt bewundert und in zahllosen Büchern dargestellt worden ist.

Zwei Felseninseln, das Götterpaar Izanagi und Izanami, die Schöpfer Japans, versinnbildlichend

Grafik und Malerei, Kunstgewerbe, Architektur und Gartenkunst Japans haben die bildende Kunst des Westens etwa seit dem Jugendstil entscheidend beeinflußt. 30 Jahre später ist auch Bruno Taut zum Künder der Schönheit des Katsura-Palastes und der japanischen Architektur geworden; begreiflicherweise war für die Architekten der dreißiger Jahre mit ihrer Vorliebe für Sachlichkeit, Einfachheit und Klarheit die Ästhetik des Zen-Buddhismus immer wieder eine Offenbarung.

Kakuzo Okakura hat in seinem 1906 erschienenen „Buch vom Tee", das inzwischen in mehr als 200.000 Exemplaren verbreitet ist, die wohl legitimste Schilderung des Tee-Kultes als der charakteristischen Verkörperung dieser Ästhetik gegeben:

„... Der Teeraum (Sukiya) will nichts anderes sein als ein einfaches Häuschen – eine Strohhütte, wie wir es nennen. Die ursprünglichen Schriftzeichen für Sukiya bedeuten Stätte der Phantasie. Später haben die verschiedenen Teemeister verschiedene andere Zeichen dafür eingesetzt, die ihrem Begriff vom Teeraum entsprachen, und Sukiya kann Stätte der Leere oder Stätte des Unsymmetrischen bedeuten. Er ist Stätte der Phantasie insofern, als er errichtet wird, eine vorübergehende Heimstatt dichterischen Gefühls zu sein. Er ist Stätte der Leere, insofern er ohne jeden Schmuck ist, mit Ausnahme der wenigen Dinge, die gebraucht werden, um ein ästhetisches Augenblicksbedürfnis zu befriedigen. Er ist Stätte des Unsymmetrischen insofern, als er der Verehrung des Unvollkommenen geweiht ist, wobei mit Vorsatz irgend etwas unvollkommen gelassen wurde, um im Spiel der Phantasie vollendet zu werden. Die Ideale des Teeismus haben seit dem 16. Jahrhundert unsere Architektur in einem solchen Maße beeinflußt, daß heute die gewöhnliche japanische Innenarchitektur wegen ihrer äußersten Einfachheit und Keuschheit in der Ausschmückung dem Ausländer beinahe dürftig erscheint.

Der erste selbständige Teeraum war die Schöpfung Sen no Sôekis, allgemein bekannt unter seinem späteren Namen Rikyû, des größten aller Teemeister ...

... Der Sikiya besteht aus dem eigentlichen Teeraum, der bestimmt ist, nicht mehr als fünf Personen aufzunehmen, eine Zahl, die zu der Redensart ‚mehr als die Grazien und weniger als die Musen' Anlaß gab, einem Vorraum (Mizuya), wo die Teegeräte gespült und vor ihrem Gebrauch gerichtet werden, einer Wartehalle (Machiai), in der die Gäste warten, bis sie den Ruf zum Eintritt in den Teeraum erhalten, einem Gartenpfad (Roji), der Machiai und Teeraum verbindet. Der Teeraum sieht unscheinbar aus. Er ist kleiner als das kleinste japanische Haus, und seine Baustoffe sind gewählt, den Eindruck kultivierter Armut zu erwecken. Doch müssen wir daran denken, daß dies alles das Ergebnis tiefer künstlerischer Überlegung ist und daß alle Kleinigkeiten mit einer Sorgfalt ausgewählt worden sind, wie sie beim Bau der reichsten Paläste und Tempel nicht größer sein kann. Ein guter Teeraum kostet mehr als ein gewöhnliches Wohnhaus, denn die Auswahl des Baustoffes ebenso wie seine Bearbeitung erfordern außerordentliche Sorgfalt und Genauigkeit. Und die Zimmerleute, die von den Teemeistern berufen werden, bilden eine auserlesene und hochangesehene Zunft unter den Handwerkern. Ihre Arbeit ist nicht weniger fein als die der Lackarbeiter.

Der Teeraum ist nicht nur verschieden von jedem Erzeugnis westlicher Architektur, sondern er steht auch im Gegensatz zu der klassischen Bauweise Japans selbst ...

Die Schlichtheit und Klarheit des Teeraumes leitet sich von den Zen-Klöstern her ...

Alle unsere großen Teemeister waren Zen-Schüler und versuchten, den Geist der Zen-Lehre in den Alltag des Lebens zu tragen. So spiegelt der Raum und auch das andere Zubehör der Teezeremonie manche der Zen-Lehren wider ...

Der Roji wiederum, der Gartenpfad vom Machiai zum Teeraum, versinnbildlicht das erste Stadium der Meditation: – den Schritt zur Selbsterleuchtung. Der Roji soll die Verbindung mit der Außenwelt unterbrechen und ein neues Gefühl erwecken, das für einen vollen Genuß des Ästhetizismus im Teeraum selbst den Weg ebnet. Wer diesen Gartenpfad gewandelt ist, wird unfehlbar daran erinnert, wie sein Geist sich über die Gedanken des Alltags erhob, während er im Dämmer immergrüner Bäume über die regelmäßige Unregelmäßigkeit der Trittsteine, neben denen vertrocknete Tannennadeln lagen, und an moosbedeckten granitenen Steinlaternen vorüber schritt. Man kann mitten in der Großstadt sein und sich doch weit entfernt von ihrem Staub und Lärm fühlen ..."

(Kakuzo Okakura, Das Buch vom Tee)

„... Der Teegarten (‚Chaniwa') spielt im Rahmen dieser Teekunst eine besondere Rolle. Denn das kleine Terrain vor der Teehütte ist eine Zone

Der Silberpavillon mit Weltenberg (Fuji) im Mondschein

Teehaus im Garten des Katsura-Palastes, Kyoto

der Annäherung. Sie dient der Einstimmung auf die so ganz andere Welt des Teeraumes. Dabei wird in der Gartengestaltung alles vermieden, was ablenken oder starke Emotionen auslösen könnte. Ein Teegarten wird niemals eine dramatische Landschaft schildern, wie es etwa im Daisen-in geschieht. Farbenprächtige, blühende Bäume und Büsche werden im allgemeinen vermieden . . ."

(Karl Hennig: Japanische Gartenkunst)

Ein zu Ende des 12. Jahrhunderts verfaßtes „Geheimes Buch über die Errichtung von Gärten" — Satukai-ki — gibt grundsätzliche Hinweise über die Gestaltung von Gärten und besonders von Steinsetzungen in Trockengärten — Kara-San-Sui. Nach allgemeinen Hinweisen darauf, daß man vor der Planung eines Gartens das Wesen japanischer Landschaft in sich aufnehmen und die topographischen Voraussetzungen des Gartens beachten muß, werden Regeln für die Anlage von Teichen und Bächen gegeben, die im Garten nach chinesischer Tradition von Osten nach Westen fließen sollen. Der größte Raum wird den Regeln für das Setzen von Steinen gewidmet: Daß zum Beispiel die hohen Steine selten sein und nicht näher als einen Meter vom Haus entfernt aufgestellt sein sollen. „Wenn sie eine Landschaft mit Meer ausdrücken wollen, schaffen sie zuerst das Gestade. Das Arrangement der Steine muß kraftvoll sein, sie müssen das Anprallen des Wassers ausdrücken. Sind die Steine aufgestellt, so muß einer die anderen überragen. Der Platz, auf dem man die Steine aufgestellt hat, muß mit der Topographie im Einklang stehen." Man darf Steine nicht aufrichten, die ursprünglich gelegen sind, und man darf Steine nicht niederlegen, die ursprünglich gestanden sind. Die Achse der Steinsetzung darf nicht mit der Achse des Hauseingangs zusammenfallen — man vergleiche das entgegengesetzte Prinzip europäischer Praxis!

Außerdem wird die Anpflanzung von Bäumen mit dem Hinweis empfohlen, daß Buddha unter einem Baum gepredigt habe und die japanischen Götter vom Himmel auf die Bäume herabgestiegen seien. Das Gefühl für Räumlichkeit kommt in der Warnung davor zu Ausdruck, Bäume in der Mitte des Gartens oder in der Achse des Hauseingangs zu pflanzen oder ein Haus mitten in den Garten zu stellen. Bezeichnen-

Daitokuji-Tempel, Kyoto: Garten der Abt-Halle

derweise endet das Buch mit dem Hinweis: „In Japan muß das Vordach breit sein, um im Sommer vor der Sonne zu schützen und sie im Winter tief eindringen zu lassen."

Das eindrucksvollste Beispiel von Steinsetzungen bietet wohl der zum Daitokuji-Tempelkomplex gehörende, 1509 entstandene Nordostgarten des Daisen-in, der als nationaler Schatz qualifiziert ist und auf einer L-förmigen Fläche von nur 104 m² mit großen Steinen, Kieseln und Sand einen Wasserfall und den von dort strömenden Bach darstellt, über den eine Steinbrücke führt. Noch weiter geht die Abstraktion in dem bekannten Trockengarten des Tempels Ryoan-ji, dessen endgültige Form vom Ende des 15. Jahrhunderts stammt.

„... Wichtig ist es vor allem, diesen Garten als Lösung eines Raumproblems zu sehen. Nicht etwa eine perspektivische Illusion steht dabei im Vordergrund, vielmehr geht es um die Verteilung der Gewichte im Garten, um das Verhältnis von leerem Raum in Form des weißen Sandes zur Materie in Form der Steine. Dieses Verhältnis ist durch ein harmonisches Konzept geprägt, das im chinesisch inspirierten Yin-Yang-Denken begründet liegt und in abendländischen Denktraditionen schlechterdings nicht faßbar ist. Hier wird eine total andere Auffassung von Raum als in Europa deutlich, zugleich zeigt sich der enge Konnex zwischen Malerei und Gartenkunst. Denn der Unterschied zwischen der Zweidimensionalität des Bildes und der Dreidimensionalität in der Gartenkunst ist in bezug auf die Raumerfahrung nur von untergeordneter Bedeutung. Wichtig ist, daß es bei dieser Raumerfahrung nicht primär um Tiefenwirkung geht, sondern um die harmonische Verteilung der Gewichte im leeren Raum ...

In seinem Geist ist der Steingarten des Ryoan-ji ganz anders als der Nordostgarten des Daisen-in. Während im Daisen-in die Beziehung zur Landschaftsmalerei evident ist und die Gesamtwirkung der Anlage stark an chinesische Tuschlandschaften der Nord-Sung-Zeit erinnert, erreicht der Ryoan-ji Garten ein viel höheres Niveau an Abstraktion und Reduktion. Weitere Reduktion ist eigentlich nur denkbar durch den völligen Verzicht auf jegliche Steinsetzung, so wie es beispielsweise im Südgarten des Daisen-in in Kyoto geschehen ist.

Im Gegensatz zum malerisch geprägten Nordostgarten des Daisen-in kann man im Steingarten des Ryoan-ji keineswegs eine Landschaftsabbreviatur sehen, vielmehr wurde hier ein abstrakter Ausdruck kosmologischer Allgemeingültigkeit geschaffen.

Der Garten des Ryoan-ji ist ein typisches Zen-Kunstwerk. In ihm spiegelt sich deutlich eine Ästhetik der Verneinung, ein absolutes Zielen auf innerliche Wahrheit. Die wesentlichen Fixpunkte einer Ästhetik des Zen lassen sich hier exemplarisch aufzeigen: Die Verteilung der Steine im leeren Raum verwirklicht das Konzept einer asymmetrischen Harmonie. Die radikale Beschränkung auf der Materialebene bezeugt eine konsequente Reduktion. Die Patina der Steine, die Fleckigkeit der immer wieder ausgebesserten Mauer drückt eine Erhabenheit des Alters aus. In der Leichtigkeit und Selbstverständlichkeit, mit der die Steine – wie hingeworfen – im Garten plaziert wurden, äußert sich Natürlichkeit, die das Ergebnis genauer Planung und eines dezidierten Kunstwillens ist. Abkehr von äußerlicher Schönheit liegt im Verzicht auf jegliche Pracht, wie sie zum Beispiel in der Wirkung von Blüten oder in exquisitem Steinmaterial liegen könnte. Die überaus große Bescheidenheit bei der Gestaltung dieses Gartens, der so gar nichts von einem Statussymbol an sich hat, drückt eine bewußte Weltabgewandtheit aus. Der meditative Grundcharakter des Ryoan-ji, dem sich kein Betrachter entziehen kann, markiert Stille als ein weiteres wesentliches Element. Spontaneität wäre darin zu sehen, daß der Garten wahrscheinlich als Realisierung der inneren Vision des Gartenkünstlers in relativ kurzer Zeit geschaffen wurde.

Ein Verzicht auf Symbolik wird dadurch offenkundig, daß man in den Elementen des Gartens keineswegs Symbole für Dinge anderer Seinsqualität sehen kann. Ein Stein ist hier ein Stein und drückt als solcher die gesamte kosmische Wahrheit aus. Abstraktion schließlich bedeutet in diesem Steingarten sowohl die nicht-gegenständliche Darstellungsform als auch eine Bezogenheit auf abstrakte, metaphysische Werte.

Der Steingarten des Ryoan-ji ist nicht wie der Daisen-in-Garten als integraler Bestandteil eines kleinen Subtempels innerhalb eines großen Tempelkomplexes geplant worden. In diesem Punkt unterscheidet er sich von den meisten anderen Trockenlandschaft-Gärten der Muromachi-Zeit. Vielmehr entstand er aus der Konzeption einer privaten Residenz, die auf der Grundlage eines Teichgartens der Heian-Zeit errichtet und erst später in einen Zen-Tempel transformiert wurde. Allerdings wurde in dem Moment, als der Steingarten vor dem Hojo-Gebäude angelegt wurde, ein radikaler Schritt vollzogen. Denn die Errichtung einer Mauer, die jede Aussicht auf den dahinterliegenden Teichgarten versperrte, markiert in der Entwicklungsgeschichte des Karesansui-Gartens jenen Punkt, an dem sich dieser Stil der trockenen Landschaft endgültig emanzipiert hatte und zu einer Gartenform sui generis geworden war ..."
(Karl Hennig: Japanische Gartenkunst)

Diese Höhepunkte abstrakter Gestaltung ändern aber nichts daran, daß japanische Gärten Bestandteile der Landschaft sind und sein wollen. Anstelle von Steinen werden vielfach geschnittene Azaleenbüsche als Symbol für Gebirge verwendet, so zum Beispiel im Garten des Chishaku-in-Tempels, in dem die Schluchten des Yangtsekiang durch streng beschnittene Büsche an einem natürlichen Wasserlauf dargestellt sind. Und schließlich wird die Beziehung zur umgebenden Landschaft besonders auch im Shakkai – „Garten der geborgten Landschaft" – verwirklicht, bei der Landschaft als Hintergrund in den Gartenentwurf einbezogen ist. So bildet der kirschbaumbestandene Berg Arashijana den Hintergrund des Tenruy-ji-Gartens.

S. 200:
Daitokuji-Tempel, Kyoto: Daisen-in-Garten

S. 201:
Ryoani-Tempel, Kyoto: Trockengarten

S. 203:
Chishaku-in-Tempel, Kyoto: Beschnittene Azaleen-Büsche versinnbildlichen das Lu-shan-Gebirge, Yangtse-kiang, China

GÄRTEN DER RENAISSANCE UND DES ABSOLUTISMUS

Die überaus strenge innere Gesetzmäßigkeit japanischer Gärten äußert sich in keiner geometrischen Regelmäßigkeit einer sichtbaren oder gezeichneten Form; die ohne erkennbare geometrische Ordnung entstandenen Gruppierungen elementarer, natürlicher und naturbelassener Materialien, der Steine, Sandflächen, Mauern, Bäume usw., zielen auf die Darstellung oder Deutung landschaftlicher Grundelemente und der an sie geknüpften Vorstellungen ab.

Die sehr sichtbare, leicht faßliche Gesetzmäßigkeit bzw. „Regelmäßigkeit" europäischer Renaissance- bzw. Barockgärten, der sogenannten „architektonischen" Gärten beweist demgegenüber noch keine Überlegenheit der ihnen zu Grunde liegenden Ordnungsvorstellungen oder Gestaltungsgesetze, wohl aber ihre Andersartigkeit; und das betrifft auch die Vorstellungen, die durch diese Art von Gestaltung zum Ausdruck gebracht werden sollen — offenbar vor allem die einer überschaubaren und leicht verständlichen, leicht darstellbaren Ordnung auf der Grundlage des uralten Ordnungssystems geradlinig verlaufender und rechtwinkelig sich schneidender Linien, Achsen oder Wege, wie wir sie schon im Iran, in den Moghulgärten und den alten Mittelmeerkulturen finden. Auf dieser alten, einfachen, geometrischen Grundlage sind aber in der Folge doch sehr verschiedene räumliche Konzepte entwickelt worden.

Die übliche Zusammenfassung der Gärten der Renaissance und des Barock unter dem Begriff des „regelmäßigen" oder „architektonischen" Gartens hat vielleicht ein wenig dazu verleitet,

Darstellung eines Renaissancegartens von Josef Furttenbach

diese großen Unterschiede, ja Gegensätzlichkeiten bezüglich Maßstab, Räumlichkeit und Beziehung zu den Gebäuden zu unterschätzen. Das Wesen des Renaissancegartens scheint mir — abgesehen von einer häufigen und weitgehenden Unabhängigkeit seiner Raumkonzeption von zugehörigen Gebäuden — in seiner geschlossenen Räumlichkeit, Kleinmaßstäblichkeit und Kleingliedrigkeit zu liegen, auch in einer gewissen Wohnlichkeit des Charakters, der durch kleine Gartenpavillons aus überwachsenen Holzgerüsten besonders betont wird, aus denen ja vielfach auch sonst die „Gartenarchitektur" dieser Zeit gemacht worden ist.

Der überaus gewissenhaft rekonstruierte Garten von Villandry zeigt das vielleicht besser als andere, im Laufe der Zeit veränderte Gärten. Er wirkt wie eine sehr übersichtliche Mulde mit filigran gegliederter Oberfläche zwischen terrassenartig ansteigenden Rändern, die durch Mauern und grüne Wände sehr klar von der Umgebung abgeschlossen sind. Die einzelnen Abschnitte des Gartens beziehen sich weitgehend auf einen eigenen Mittelpunkt, einen Brunnen, ein Wasserbecken, einen oder mehrere Gartenpavillons oder dgl.

Diese Charakteristika treffen auch auf andere Renaissancegärten zu. Auch der Garten der Villa Lante in Bagnaja bezieht sich vielmehr auf seinen Mittelpunkt aus Wasser und Figuren als auf die benachbarten Gebäude, die große Achse der Boboli-Gärten führt nicht auf den Palazzo zu und ähnliches gilt für die Villa Medici und die Gärten des Quirinal in Rom. Auch die Dominanz

206

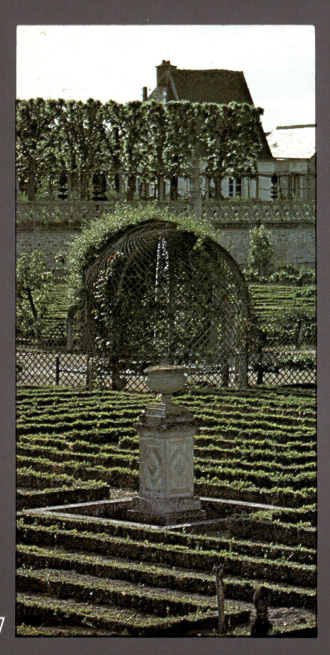

208

der Villa d'Este beruht mehr auf ihrer Höhenlage als auf einer Ausrichtung weitreichender Blickachsen auf das Gebäude, während die Rolle der örtlichen Mittelpunkte hier von den Wasserspielen übernommen worden ist.

In den Gärten des Manierismus erscheint diese strenge Ordnung übernommen, aber aufgelockert und spielerisch bereichert, vor allem auch durch Ausblicke auf Berge oder weithin sichtbare Gebäude der Umgebung mittels Öffnungen in der Umfassungsmauer des Gartens, der solcherart mit dem Landschaftsraum in Verbindung gebracht wird.

Damit ist der erste Schritt zu jener bedeutenden Ausdehnung getan, mit der die großen Blickachsen der barocken Parks in eine möglichst weite Umgebung ausstrahlen, einen sehr weiten Umraum optisch – und damit psychisch! – beherrschen, indem sie innerhalb dieses Raums alle Blicke auf das Schloß als das Sinnbild der fürstlichen Macht zu lenken versuchen. Gebäude und Park ist solcherart nicht nur eine Einheit geworden, sondern das Gebäude ist Blick- und Mittelpunkt des Gartens, der die Wirkung des Gebäudes als eines Symbols von weither zur Geltung zu bringen und zu erhöhen hat, was am augenfälligsten sowohl in den bis ins Unendliche führenden Achsen von Versailles, als auch in den großartigen barocken Terrassengärten von Saint German en Laye, Sanssouci oder Schloßhof zu erkennen ist.

Dieser zentrale Anspruch des Schlosses als Blickpunkt, auf den sich alles bezieht, und von wo alles überblickt werden kann, kommt in Karlsruhe in einer sonst nirgends erreichten Konsequenz darin zum Ausdruck, daß dort die Straßen der Stadt genauso wie die ebenso breiten Alleen des Parks vom Schloß als Mittelpunkt gleicherweise wie Radien nach allen Richtungen ausstrahlen. Wie meilenweit ein solcher obrigkeitlich festgesetzter Stadtplan mit ebenso einheitlich geplanten Fassaden aller Häuser sich von den Städten unterscheidet, die sich die Bürger bis dahin für ihre eigenen Bedürfnisse gebaut hatten, zeigt der Vergleich eines solchen Plans mit einer alten Kleinstadt desselben Raumes.

Wenn der Stadtplan so behandelt ist wie der Gartenplan, dann wird klar, daß die meisten außerhalb der Bebauung entstandenen Schloßgärten nicht in erster Linie der Erholung gedient

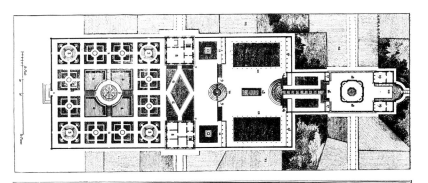

Villa Lante, Bagnaja

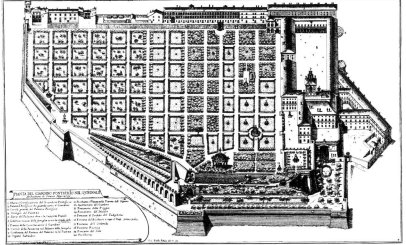

Gärten des Quirinal, Rom

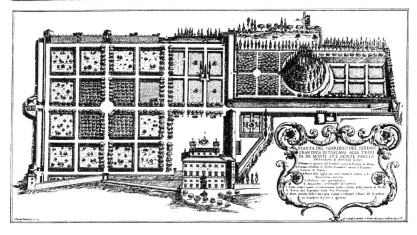

Villa Medici, Rom

Alte Kleinstadt, Schrobenhausen

Karlsruhe

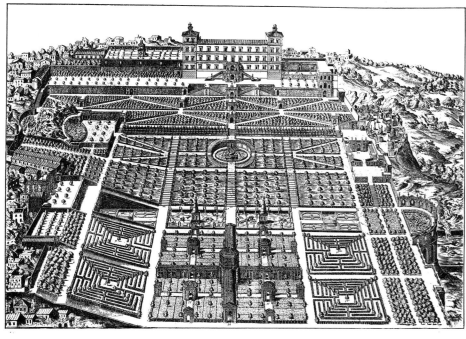

Villa d'Este, Rom

Mirabellgarten, Salzburg

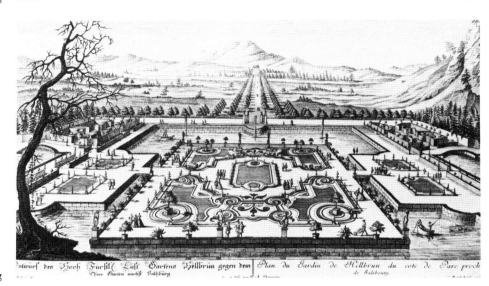

Hellbrunn, Salzburg

S. 205, 206 und 207 links:
Villandry-Loire, Renaissancegarten

S. 207 rechts:
Chenoceaux-Loire, Barockgarten

S. 208:
Aus einem Beginen-Haus in Amsterdam

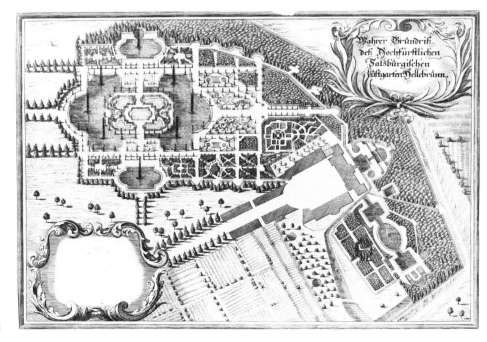

Hellbrunn, Salzburg

Hellbrunn, Salzburg

haben, auch nicht primär als Gärten, sondern vielmehr als Traumresidenzen gebaut worden sind, deren grüne Wände die Macht und den Geist der Zeit, unbehindert durch Zwecke und Finanzen, zum Ausdruck zu bringen hatten.

Die „imponierende" Raumwirkung der großen Achsen und weiträumigen Parterres wird dabei häufig, z. B. in Schönbrunn, durch den Kontrast zu engen, oft gekrümmten oder überwölbten Gängen gebildet, die von grünen Wänden und Dächern aus streng beschnittenen Hecken gebildet werden, sowie ja auch die elementaren städtebaulichen Wirkungen immer auf dem Kontrast zwischen engen Gassen und weiten Plätzen, niedrigen Wohnhäusern und hohen Domen oder Rathäusern beruhen. Dazu kommen in den Parks aber noch die Gegensätze zwischen der RAUMWIRKUNG von aus grünen Wänden gebildeten Alleen und Plätzen einerseits, der PLASTISCHEN WIRKUNG der auf ihnen stehenden, zu Kegeln, Kugeln oder Zylindern beschnittenen Bäumen andererseits.

Dabei sind interessante nationale Unterschiede festzustellen:

Während z. B. die grünen Räume von Schönbrunn durch streng geometrisch, ebenflächig beschnittene und damit zweifellos sehr vergewaltigte Bäume gebildet werden, durften die Eiben der Alleen, die radial auf die Front von Hampton Court hinführen, ihre natürliche Kegelform mit geringen Korrekturen behalten.

Die in vielen barocken Parks feststellbaren Irrgärten oder Gartenlabyrinthe bilden aber im Rahmen der geometrischen Klarheit und Übersichtlichkeit der barocken Gärten auch ein wichtiges und interessantes irrationales Element, denn das Labyrinth, aus dem sie sich entwickelt haben, ist ein uralter Archetypus, eine Figur, die nach Hermann Kern im Mittelmeerraum spätestens seit dem zweiten vorchristlichen Jahrtausend nachweisbar ist. Sie „gibt nur dann Sinn, wenn man sie als architektonischen Grundriß, also von oben, betrachtet. Dabei liest man die Linien als Begrenzungsmauern und das zwischen ihnen freigelassene Band als Weg (Ariadne-Faden). Wesentlich sind nicht die Mauern; ihre Funktion liegt nur in der Abgrenzung des Wegs, in der gewissermaßen choreographischen Fixierung der eigentlich maßgeblichen, sinnbestimmenden Bewegungsfigur.

Wien-Schönbrunn

214

Diese beginnt in einer kleinen Öffnung der Außenmauern und führt nach vielen Umwegen, die zum Abschreiten des ganzen Innenraums nötigen, zum Zentrum. Im Gegensatz zu einem Irrgarten ist dieser Weg kreuzungsfrei; er bietet keine Wahlmöglichkeit, führt also zwangsläufig zur Mitte und endet dort." (Hermann Kern)

Die Figur selbst wird dem Daidalos zugeschrieben, dem Schutzherrn aller Künstler und Architekten. Die Stadt Jericho wurde wiederholt als Labyrinth dargestellt.

Damit wirkt das Labyrinth als Sinnbild des Schutzes eines schwer zugänglichen Zentrums durch herumgelegte Ringe oder Mauern, aber damit auch als „magische Figur par excellence", abwehrend und schützend; es ist daher als Mosaik vor den Eingängen römischer Wohnhäuser, auch vor Westportalen französischer Kirchen, als indische Türschwellenzeichnung, als Amulett oder Tätowierung zu finden.

Als irrationale Komponente innerhalb des barocken Parks müssen aber wohl auch die grotesken Figuren im Park von Bomarcio gelten, und schließlich hat sie in den sogenannten „Landschaftsparks" mit ihren Grotten, Tempeln, Kreuzen, Eremitagen, feuerspeienden Bergen einen Durchbruch erlebt, der bei der landläufigen Behandlung des Landschaftsparks bisher merkwürdigerweise kaum in seinem eigentlichen Sinne behandelt worden ist.

Die Irrgärten, die sich von den Labyrinthen durch sich kreuzende Wege und damit durch die Wahlmöglichkeit des Weges für den Besucher unterscheiden, bilden aber einen optisch wichtigen Kontrapunkt zu den breiten, weit gespannten Alleen und Perspektiven, zu der Übersichtlichkeit und rationalen Klarheit des sonstigen barocken Parks. Beide Elemente steigern sich gegenseitig in ihrer Wirkung, so wie ja elementare städtebauliche Wirkungen immer auf diesen Kontrasten beruht haben.

Lichtwark hat als erster auf den offenkundigen Zusammenhang zwischen dem barocken Park und der barocken Stadt hingewiesen: „Ein Vergleich der Pläne des Parks von Versailles mit der Stadtanlage des heutigen Paris zwischen Tuileriengarten und dem Arc de l'étoile beweist die völlige Identität aller Raumgedanken. In der Tat ist dieses Stück Paris auch gar nicht als Stadt angelegt worden, sondern als stilisierte Land-

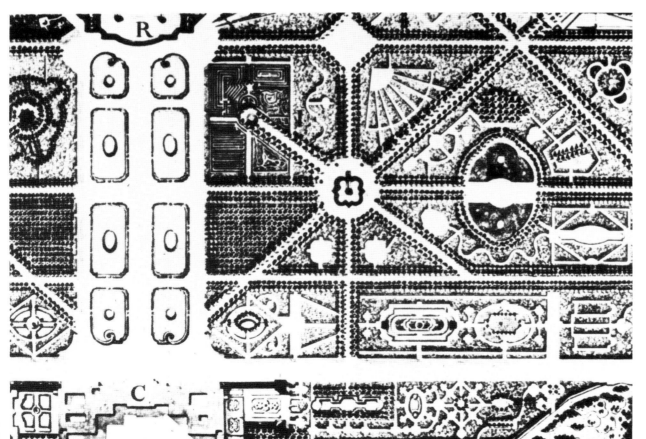

S. 214/215:
Wien-Schönbrunn: Der Reiz der barocken Gartenanlagen beruht auf den starken Kontrasten zwischen räumlicher und plastischer Wirkung einerseits, zwischen der Enge der Gänge in den Irrgärten und der Weite der Alleen und Plätze andererseits

S. 216:
Labyrinthe und Irrgärten:
Oben links: Kretische Münze
Oben rechts: Die Stadt Jericho als Labyrinth
Mitte links: Römisches Fußbodenmosaik als Labyrinth
Mitte rechts: Entwurf für einen Irrgarten
Unten: Steinfiguren aus dem Park von Bomarcio

S. 217:
Links: Park von Charlottenburg, Berlin
Mitte: Park von Versailles
Rechts: Die große Achse zwischen Tuilerien und Arc de Triomphe in Paris, ein Stück Garten, in das später eine Stadt hineingewachsen ist

S. 221:
Unten: Tuilerien, Paris
Oben: Luxembourg-Garten, Paris

S. 222:
Der Rosenbergsche Garten in Wien-Döbling, zeitgenössische Darstellung

S. 223:
Wiener Stadtpark um die Jahrhundertwende, zeitgenössische Darstellung

S. 224 und 225 oben:
Volkspark in Sevilla

S. 225 unten:
Auf Wunsch von Kindern selbst gebasteltes Spielzeug im unreglementierten Spielraum einer Donau-Aue.

216

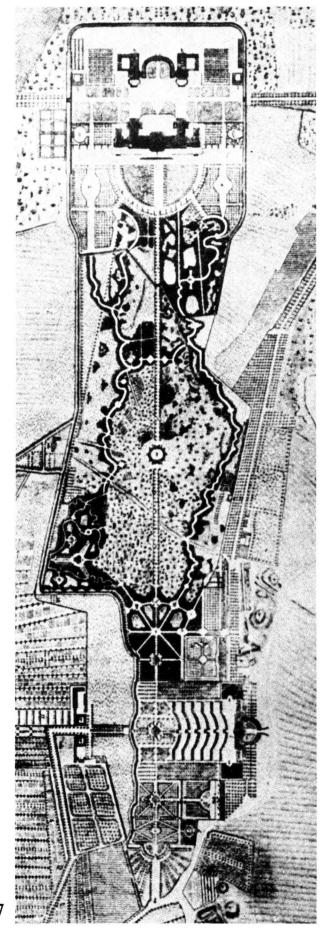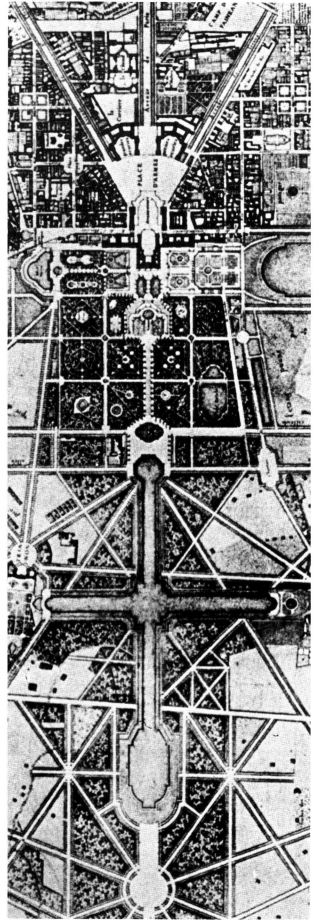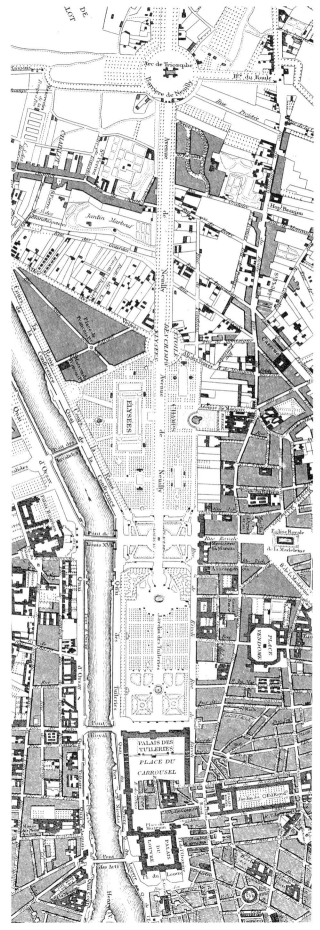

217

schaft. Die Stadt ist erst im neunzehnten Jahrhundert in diese Landschaft hineingewachsen, und die ganze Welt, die Paris zum Vorbild nahm, hat gar nicht gemerkt, daß dieser wunderschöne Trakt ursprünglich mit dem eigentlichen Städtebau nichts zu tun hat.

Mit diesem Stadtviertel, das stilisierte Landschaft ist und für stilisierte Stadt genommen wurde, hat Paris den Städtebau der ganzen Welt aus den Angeln gehoben. Aus dieser stilisierten Landschaft stammt vor allen Dingen die Tendenz vieler Städtebauer, unvernünftig breite Straßen, Sternplätze und Plätze mit vielfach durchbrochenen Wänden anzulegen."

So hat Gartenkunst den Städtebau der Welt in einer ganz entscheidenden Entwicklungsphase der Neuzeit nicht nur beeinflußt, sondern geprägt, ähnlich wie später die Glashausarchitektur eines Loudon und Paxton die Architektur des 19. und 20. Jahrhunderts revolutionierend beeinflussen sollte.

Die Architekten, Geometer und Tiefbauer, denen die Planung für die rapide anwachsenden Großstädte des Industriezeitalters übertragen war, haben aber die räumlichen Konzepte der Barockarchitekten nicht fortzuführen vermocht. Das übernommene Formvokabular degenerierte zu dem von Lichtwark mit Recht kritisierten Arsenal technisch dominierter Verkehrsflächen. Nun führen die breiten Straßen ins Leere.

Große Achsen und Blickpunkte am Ende großer Achsen verlieren naturgemäß in dem Maße Notwendigkeit und Bedeutung, als die Gesellschaft keiner Verkörperung der Macht mehr bedarf, nicht, weil es solche Macht nicht gäbe, oder weil ihr internationaler und anonymer Charakter ihre Verkörperung erschwert, sondern vor allem, weil die Mächte von heute angesichts der allgemeinen Abneigung und Skepsis gegenüber der Macht vermeiden, sich verkörpern zu lassen, sich nicht deutlich zu erkennen geben, um den Menschen die Illusion freier Entscheidung nicht ganz zu rauben. Anstelle bewußt gestalteter Räume auf der Grundlage und der Verwendung alter Archetypen tritt nun die Befriedigung echter oder vermeintlicher, materieller Erholungsbedürfnisse der Massengesellschaft der modernen Großstadt. Sie hat ihren Ansatz und ihren Vorläufer schon in der schrittweisen Freigabe der fürstlichen Schloßgärten für die Be-

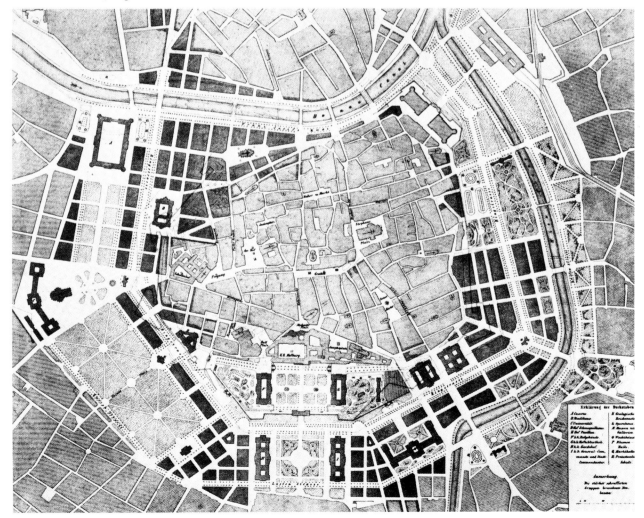

Der 1859 genehmigte „Grundplan" für die Erweiterung der Inneren Stadt Wien „Ringstraße"

völkerung, in ihrer Aneignung durch die Bevölkerung gefunden. Dabei erwiesen sich zum Beispiel die Pariser öffentlichen Gärten mit ihrem gleichmäßigen dichten Baumbestand über sandbestreuten Bewegungsflächen als Optimum für dicht bevölkerte Großstädte: Sie verbinden ein Maximum an Bewegungsmöglichkeit mit einem Maximum an Schatten, Luftfeuchtigkeit und Sauerstoff. Die ersten bewußt angelegten öffentlichen Gärten sind in einzelnen, von wohlhabenden Bürgern angelegten Gärten, wie zum Beispiel der Rosenbaumschen Gartenanlage in Wien, oder in den Stadtparks zu finden, die vielfach auch anläßlich der Entfestigung der alten Städte entstanden, und ein Vergleich zeigt am Beispiel Wien die Entwicklung eines sehr betonten gärtnerischen Gestaltungswillens auch in einer Zeit, der man ihn bis vor kurzem nicht zugestehen wollte.

Die „Grünflächen" — die besser Grünräume heißen und sein sollten — dienen in der modernen Großstadt ganz allgemein zunächst der Vorsorge für ein Minimum an Vegetation in den großenteils aus Stein bestehenden, von Lärm und Abgasen durchsetzten, künstlich be- und entwässerten Städten der Jahrhundertwende mit ihrem Wüstenklima. Dazu kommt die Möglichkeit körperlicher Bewegung für die in Büros und Fabriken arbeitende Bevölkerung und vor allem ihrer Jugend durch Spiel- und Sportplätze aller Art.

Mit dem „Volkspark", einer Mischung von möglichst dichter Bepflanzung mit offenen Spiel- und Rasenflächen, versucht man das seit etwa 1920 in verschiedenster, aber bisher nirgends in besonders eindrucksvoller Form zu bieten. Die ideale Form eines Volksparks beschreibt Stifter in seiner Novelle über den Wiener Prater, der anderen Volksparks vor allem die wichtige Tatsache voraushat, daß er nicht angelegt worden, sondern entstanden ist — aus den Bedürfnissen der Bevölkerung nach und nach in ein großes Augebiet hineingewachsen.

„Im Osten der Stadt Wien liegt eine bedeutende Donauinsel ... Im Laufe der Zeit zu einem reizenden Gemisch geworden von Wiese und Wald, von Park und Tummelplatz, von menschenwimmelndem Spazierplan und stillster Einsamkeit, von lärmendem Kneipegarten und ruhigem Haine ... So betäubend das Gewimmel an einigen Stellen, besonders zu gewissen Zeiten, ist, so einsam, wie in der größten Einöde, ist es an anderen, so daß man wähnen sollte, wenn man diese Wiesen und Gehölze entlangschritte, müsse man eher zu einer artigen Meierei gelangen als

Wettbewerbsentwürfe für die Gestaltung des Karlsplatzes in Wien.
Architekt Martinsson

zu der riesenhaften Residenz einer Monarchie, aber gerade die riesenhafte Residenz braucht einen riesenhaften Garten, in den sie ihre Bevölkerung ausgießt und doch noch Teile genug leer läßt für den einsamen Wanderer und Beobachter, und wohl uns, daß wir den Prater haben." (A. Stifter)

Da man aber heute, im Gegensatz zu damals, mit dem Auto eine große Auswahl von Landschaften aus den meisten Städten erreichen kann, sind die landschaftlichen Erholungsgebiete im unmittelbaren Weichbild der großen Städte vielfach schon unbenutzt und leer, bedürfen daher auch keiner „Neuschaffung" in Volksparks. Und in den neuen „Gartenschauen" sind fast zwangsläufig passive Verhaltensweisen angeboten, man darf dort an-„schauen", was im Gegensatz dazu der Kleingärtner oder der Besitzer eines Hausgartens selbst und selbständig schafft, gestaltet und nutzt. Damit nährt die Gartenschau auch die Vorstellung von Grün als einer sanitären und dekorativen Einrichtung für im Wesen passiv bleibende Benutzer.

Andererseits werden Kinderspielplätze erfahrungsgemäß dort wenig benutzt, wo ein autofreies Fußwegenetz einiger Ausdehnung als Erschließung autofreier Wohnbebauung geboten wird, da Kinder bei ihrem Spiel begreiflicherweise und ganz mit Recht sich in der Welt der Erwachsenen aufhalten wollen, weil sie sich mit ihrem Spiel auf das Dasein als Erwachsene vorbereiten möchten, und auf einem Netz von Wohnwegen auch viel unprogrammierter und unbehinderter laufen, radfahren, spielen können als auf kleinen Spielplätzen mit ihren technischen Turngeräten. Wenn man Kindern in naturbelassenen Grünräumen Spielzeug nach ihren Wünschen herstellt, entsteht etwas ganz anderes als Stahlrohrgestelle oder Betonrohre — nämlich etwas, das an ein Märchen erinnert.

Das heißt: Eine Stadt benötigt um so weniger isolierte Kinderspielplätze, je richtiger sie als durchgrünte Fußgängerzone gebaut ist. Die Durchsetzung des ganzen Stadtraums mit möglichst nutzbaren Gärten ist grundsätzlich besser als das Ersatzangebot einzelner öffentlicher „Grünflächen", die Benutzung des Kleingartens oder Hausgartens ist in jeder Hinsicht befriedigender, fruchtbarer und für die Öffentlichkeit wirtschaftlicher als die mehr oder weniger passive, von Vorschriften begrenzte Nutzung öffentlicher Erholungsräume, die letzten Endes zu einem erheblichen Teil Surrogate sind.

Kinderspiel in einer Wohngasse der Gartenstadt Puchenau

225

GÄRTEN IM JUGENDSTIL

Aus dem Jahre 1906 gibt es einen Bericht über einen Vortrag des Wiener Gartenarchitekten Franz Lebisch, in dem es u. a. heißt: „... Die steigende Grundrente in den Städten, das große Bedürfnis nach Bauplätzen und die möglichste Ausnutzung des Bodens hat es mit sich gebracht, daß die früher in den Städten üblichen Hausgärten fast vollkommen verschwunden sind. Dem Bedürfnis nach grünen Anlagen wird nun durch öffentliche Gärten abgeholfen. Das Grün der Pflanzen soll hiebei einen doppelten Zweck erfüllen, einen dekorativen und einen sanitären. In beiden Richtungen muß man die neuen Wiener Anlagen für verfehlt erklären. Der dekorative Zweck wird nicht erreicht, da die Anlagen dürftig und unkünstlerisch sind, der sanitäre nicht, weil sie von staubigen Straßen durchzogen oder umgeben sind und einen Tummelplatz für alle Stürme abgeben. Gärten müssen inmitten von ruhigen, verkehrslosen Häuserblocks angelegt werden. Da dies aber in Wien nicht der Fall ist, so werden die Wiener Anlagen, bis auf wenige ältere, vom Publikum nicht benützt.

Drei Gartenstilarten sind in Wien vertreten. Der alte Barockstil ..., zweitens die Gärten an der Peripherie der Stadt, am Fuße des Kahlenbergs, in Grinzing, Sievering. Das sind alte, schöne Hausgärten mit Weinlauben, Jasmin und Kletterrosengeränken. Drittens die neuen städtischen und privaten Gartenanlagen, die weder vornehm wie die barocken noch gemütlich wie die Hausgärten sind. Es sind schablonisierte, verbildete Nachahmungen nach französischen und englischen Mustern.

Was den neuen Wiener Anlagen vorzuwerfen ist, ist zunächst, daß sie von einem falschen künstlerischen Prinzip ausgehen. Sie wollen die Natur imitieren. Ein Garten aber ist ein Kunstprodukt, ein Erzeugnis menschlichen Geistes, und muß auch als solches wirken. Will er die Natur imitieren, dann steht er zu seinem wahren Wesen in einem Verhältnis wie die Wachsfiguren im Panoptikum zur Skulptur. Die Gartenanlage muß nach den künstlerischen Prinzipien der Raumverhältnisse, der Farbenwirkung und den spezifischen Eigenschaften des Materials geschaffen sein. Ihre Grundlage ist die Ordnung, wie in aller Kunst. Es ist lächerlich, auf beschränktem Raume wilde Landschaften mit Wasserfällen und Seen einzurichten. Diese Art von Garten hat nur in großer räumlicher Ausdehnung eine Berechtigung, wo sie für sich selbst, nicht aber als Fiktion wirken kann ..."

J. A. Lux sagte 1904: „Man hat das deutliche Gefühl, daß von den überlieferten kleinen Bürger- und Bauerngärten die Entwicklung einer neuen Gartenarchitektur ausgehen muß", und in „Schöne Gartenkunst" 1907:

„... Unsere alten Gartenschöpfungen endlich geben Beispiele, wo auf einem kleinen Platz geschnittene Laubwände stehen, die geradlinig auf einen zentralen Punkt zulaufen, darin sich eine schöne Statue, ein Brunnen, eine Gartenplastik wie von einem Hain umschlossen erhebt. Sind das nicht Vorbilder für städtische Anlagen? Der kleinste Fleck mag groß erscheinen, eine grüne Einsamkeit bilden, die irgendein Kunstwerk wie ein Juwel umfaßt und mitten im Groß-

Pergola im Garten des Palais Stoclet, Brüssel, Josef Hoffmann

stadtlärm das Gefühl der Entrücktheit gewähren kann. Unsere heutigen Gartenbauer gehen blind an den edlen Vorbildern vorüber. Wo ist das heimatliche Gartenmotiv: die gemütliche Laube, mit Wein, Ahorn oder Geißblatt umsponnen, in den heutigen öffentlichen oder privaten Gärten zu finden? Wo die Pergola? ..."

Die Wendung oder Rückkehr zum architektonischen Garten vollzieht sich damit ganz im Geiste des Jugendstils: Das wiedergewonnene Gefühl für Raum, Form und Farbe ist nicht nur von historischer Architektur, sondern ebenso von anonymen Bauten und der Volkskunst der österreich-ungarischen Monarchie befruchtet, wie das auch das überreiche Werk Josef Hoffmanns zeigt.

Bezeichnenderweise ist die räumlich und formal sehr klare und zielbewußte Gestaltung der Jugendstilgärten mit einer Überflutung und Durchsetzung des architektonischen, kunstgewerblichen und graphischen Vokabulars mit Pflanzenmotiven begleitet gewesen; – das zeigen die Häuser Otto Wagners an der Wienzeile, seine Stadtbahnpavillons Karlsplatz oder die vergoldeten Lorbeerblätter der Kuppel der Sezession mit ihren Blumenschalen und Wandornamenten ebenso wie die Blumenstudien Mackintosh, der belgische Jugendstil usw. Offenbar hat man Architektur und Vegetation mehr als je zuvor als Einheit angesehen.

Die Verwendung geschnittener Hecken und Figuren war wieder selbstverständlich geworden, sehr deutlich im Garten des Palais Stoclet; und Baillie Scott ist sich der alten malerischen Wirkung englischer Gärten voll bewußt, wie sein 1912 erschienenes Buch „Houses and Gardens" zeigt: „... Als Hintergrund für die Gartenblumen ist die Eibenhecke immer noch das Beste, namentlich wegen der Tiefe und Sattheit ihres Farbentons. Weiße Lilien sehen schon gut aus gegen eine Backsteinmauer oder Buschwerk, aber am besten gegen die dunkle Eibe; ebenso Rosen und andere leuchtende Blumen. Die nächste Aufgabe besteht darin, gute Blickpunkte zu gewinnen, die man durch gerade Pfade am besten erreicht. Der Endpunkt solcher Durchblicke kann hervorgehoben werden, entweder durch einen halbkreisförmigen Abschluß mit einem Sitzplatze, oder eine Laube oder ein Gartenhäuschen kommt ans Ende.

Der Garten darf eigentlich nicht zu offen der Sonne ausgesetzt sein, sondern voll heimlicher kleiner Überraschungen, mit Licht- und Schattengehegen. Etwas sehr Anziehendes wird stets die Pergola, der mit Kletterpflanzen überrankte Laubengang sein, dessen gepflasterter Gang vom Spiel der Schatten belebt wird, die von oben und seitlich einfallen. Woraus die Pergola besteht, ist gleichgültig, so lange sie schlicht und für alle Witterung dauerhaft aussieht, aus beschälten Pfählen, oder aus Pfeilern von Stein oder Ziegeln, mit durchbrochener Holzbedachung. Ähnliche Schattenwirkung erzielt man durch Wege, die vielleicht von Haselstauden oder Weiden flankiert werden. Durch solche Schattengehege gibt es dann Durchblicke auf helle, sonnenbeleuchtete Stellen, wo Blumen blühen. Die Ausdehnung des Gartens an sich hat wenig mit solchen feinen

Detail der Eingangsseite des Palais Stoclet, Brüssel, Josef Hoffmann

Effekten zu tun; sie können bei geschickter Verteilung auch auf kleinem Areal zum Ausdruck gebracht werden.

Verschiedene Anziehungspunkte an den Hauptwegen kann man einsetzen, wie z. B. einen viereckigen Rosengarten, in dessen Mitte eine Sonnenuhr, um deren Kreis Kletterrosen über Ketten, Bänder und Bogen ranken. Die 4 Ecken können durch Eibenbäume markiert werden und hochstämmige Rosen werden in regelmäßigen Abständen gesetzt, um einen voraus berechneten Gesamteffekt zu erzielen, wobei alle Rosen zusammen nach einem bestimmten Farbenakkord gewählt werden.

Im perennierenden Blumengarten können Büschel von Phlox, Delphinum, Lilien oder Herbstrosen usw. zu einem Farbensystem verwertet werden, und zwar so, daß der Garten den ganzen Sommer durch bis spät in den Herbst an irgendeiner Stelle leuchtet und blüht. Ein offener Brunnen zum Begießen der Blumen mag hier das Mittelmotiv für das Arrangement bilden. Die guten Gartenbänke, die fest und dauerhaft sein müssen, stellt man an den besten Blickpunkten auf. Ebenso Lauben und Gartenhäuschen..."

Und wie bei Bacon spielen auch bei Scott „wilde Gärten" eine wichtige Rolle, ebenso der „Nutzgarten".

„... Die armen, hübschen Küchenkräuter! Die scharlachrote Kletterbohne würde wahrscheinlich so geschätzt werden wie das scharlach Geranium, wäre sie nur nicht zu Schnittbohnen verwendbar. Das graugrüne Laub und die großen distelartigen Köpfe der Artischocke, der mimische Urwald des Spargelkrautbeetes, und der wunderliche, altmodische Blütenstand der Zwiebelgewächse haben jeder ihre eigenartige Schönheit, die nur darum verkannt zu werden pflegt, weil man sie essen kann!

Manche alte Dorfgärtchen gibt es, in denen Gemüse und Kartoffeln als Hintergrund dienen für Rosen und Lilien! und es sieht besser aus, als man glaubt. Solch ein Garten ist zugleich nützlich und hübsch, angenehm und freundlich. Die Bewohner der Vorstadthäuser haben unter dem spezialisierenden Einfluß moderner ‚Zivilisierung' jeden Instinkt für die K u l t u r d e s B o d e n s eingebüßt. Sie haben weder Zeit, Kenntnis noch Neigung dazu. ‚Wer meinen Garten anschaut, mag daraus erkennen, daß ich noch einen andern Garten besitze' – in der Pflege des Gemütes – sagt Emerson. Richtige Gartenkultur verlangt einen hohen Grad von Selbstkultur und Muße zum Nachdenken, die dem modernen Menschen ganz abhanden kam.

Für den kleinen Haushalt ist das Ideal ein Mindestmaß von Arbeit bei größtmöglichem Ertrag des Gartens. Verzichtet man auf eigene Gemüse, dann empfiehlt sich der ‚wilde Garten' etwa mit den kleinen Abweichungen des persönlichen Bedürfnisses. Ein Lenzspaziergang ins Waldland, ins Unterholz schon, oder wo die Wiese mit Primeln und Anemonen blüht, denen im Sommer die Campanula folgt und der rote Fingerhut, erweckt vielleicht den richtigen Gedanken, daß solche natürliche Schönheit nur übertroffen werden kann durch hohe Garten-

kunst von allerbester Art. So ein Waldunterholz mit seinem Blütenflor verlangt nebenbei keinerlei Pflege und Arbeit, es ist reines Naturerzeugnis ohne Beihilfe von Menschenhand. Darum wird der kleine Dorfgartenbesitzer gut tun, sich von der Natur leiten zu lassen und die örtlichen Reize der Flora dabei zu beachten..."
(Baillie Scott: „Houses and Gardens")
Solche Auffassungen sind nicht auf Scott beschränkt, sondern auch in der von England beeinflußten deutschen Gartenstadtbewegung ist Ähnliches zu finden.

S. 230:
Entwurf für ein Hanank-Museum, Josef Hoffmann

S. 231:
Entwürfe für Gartenhäuser, Josef Hoffmann

S. 232:
Unten: Gartenseite Palais Stoclet, Brüssel, Josef Hoffmann
Oben: Überdeckter Gartensitzplatz, Palais Stoclet, Brüssel, Josef Hoffmann

S. 233:
Blick in den Garten und auf das Lusthaus der Villa Primavesi, Wien, Josef Hoffmann

S. 234:
Links: Blick durch den Platanenhain auf den Hochzeitsturm und das Ausstellungsgebäude, Mathildenhöhe, Darmstadt, Josef Olbrich (1908/1911)
Rechts: Wasserbecken, Mathildenhöhe, Darmstadt, Albin Müller, 1914

S. 228/229:
Zeichnungen von F. Lebisch, 1908

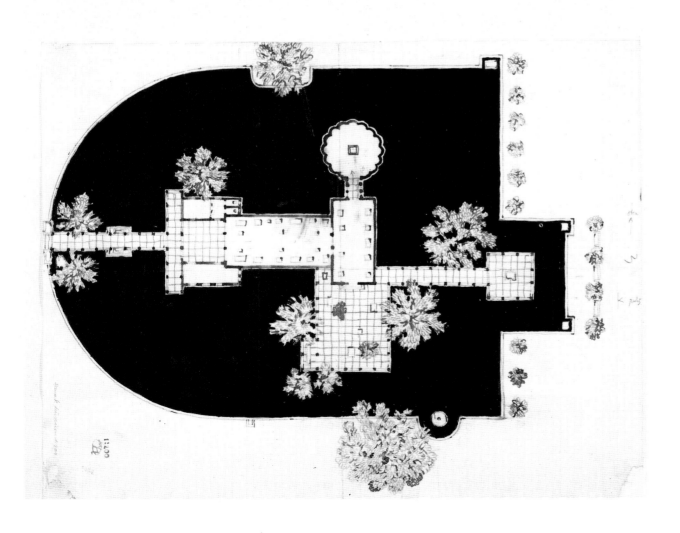

232

234

Mathildenhöhe

Das wohl bekannteste Beispiel einer Gartenanlage des Jugendstils ist uns auf der Darmstädter Mathildenhöhe erhalten, als Ergebnis des säkularen Glücksfalls, daß einer der bedeutendsten Architekten seiner Zeit von einem sehr verständnisvollen Bauherrn mit der Bebauung eines landschaftlich hervorragenden Geländes mit einem Ensemble öffentlicher Ausstellungsbauten, Ateliers und sonstiger Wohnhäuser beauftragt wurde und das Ganze außerdem bis heute sehr gut erhalten geblieben ist! Das als „Stadtkrone" auf den höchsten Punkt gestellte Ausstellungsgebäude mit dem weithin sichtbaren „Hochzeitsturm" umgreift mit Betonpergolen, die nahtlos an das Hauptgebäude anschließen, einen zentralen, solcherart räumlich gefaßten Vorplatz mit zwei offenen Seitenplätzen. Dem mittleren Hauptplatz gegenüber ist ein um ein Geschoß tiefer liegender, großer, von Mauern umfaßter rechteckiger Vorplatz vorgelagert, dessen Schmalseite den Blick in die Landschaft freigibt und der mit regelmäßigen Reihen von Platanen mit dachförmig geschnittenen Kronen besetzt ist – ein großer Architekturplatz mit einem von den Säulen der Stämme getragenen, flachen Blätterdach und einem großen, runden, in den Stützmauern unterhalb des Hochzeitsturms eingebauten Brunnen. Oberhalb des „Platanenhains" ist der „Alten russischen Kirche" ein farbig behandeltes Wasserbecken zugeordnet.

Der übrige baumbestandene Hügel ist vom Atelierhaus (heute „Ernst-Ludwig-Haus") und den Wohnhäusern der Künstler umrahmt und, teils nachträglich, mit Brunnen und Plastiken durchsetzt. Ein wichtiger Orientierungspunkt ist durch einen säulengetragenen Pavillon („Schwanentempel") gekennzeichnet, zu dem der Hauptzugang von Seite der Künstlerwohnhäuser über einen langen, geschwungenen Treppenweg führt. Vergegenwärtigt man sich noch die sehr schönen Mosaiken unter der Kuppel des Aufgangspavillons, über dem Portal des Ernst-Ludwig-Hauses und an einigen Wohnhäusern, so ist hier tatsächlich eine Art „Gesamtkunstwerk" entstanden, eine Verbindung architektonischer, plastischer und malerischer Elemente durch gärtnerische Gestaltungsmittel an einem charakteristischen Punkt der Landschaft – und damit ein gutes Beispiel für die großen Möglichkeiten gärtnerischer in Verbindung und als Einheit mit architektonischer und städtebaulicher Gestaltung.

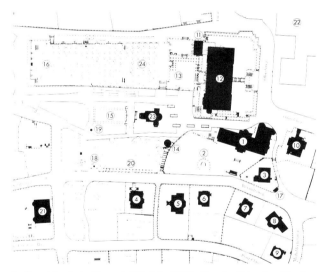

1 Ernst-Ludwig-Haus / Olbrich 1901 (heute Sitz der Martin-Behaim-Gesellschaft und der internationalen Literaturzeitung Erasmus); 2 Ernst-Ludwig-Brunnen / Hartung 1958 (für die Brüsseler Weltausstellung entworfen; danach von der Stadt Darmstadt erworben); 3 Olbrich-Haus / Olbrich 1901; 4 Behrens-Haus / Behrens 1901; 5 Glückert-Haus I / Olbrich 1901; 6 Glückert-Haus II / Olbrich 1901; 7 Haus Habich / Olbrich 1901 (verändert); 8 Haus Keller / Olbrich 1901 (verändert); 9 Haus Deiters / Olbrich 1901; 10 Oberhessisches Haus / Olbrich 1908 (verändert); 11 Hochzeitsturm / Olbrich 1908; 12 Ausstellungsgebäude / Olbrich 1908; 13 Pergola-Architekturen / Olbrich 1908; 14 Schwanentempel / Albin Müller 1914; 15 Wasserbecken / Albin Müller 1914; 16 Skulpturenschmuck des Platanenhains / Hoetger 1914; 17 Wandbrunnen / Habich 1901; 18 Schwabdenkmal / Habich 1901; 19 Vase / Albin Müller 1914; 20 Pergola / Albin Müller 1914; 21 Messelhaus, Rat für Formgebung und Institut für Neue Technische Form; 22 Werkkunstschule; 23 Russische Kapelle / Benois 1898; 24 Platanenhain 1898.

236

S. 235:
Oben links: Lageplan der Mathildenhöhe, Darmstadt
Oben rechts: Gartenausgang zum Ausstellungsgebäude, Mathildenhöhe, Darmstadt, Josef Olbrich 1901

S. 236:
Links: Blick von der Terrasse des Ausstellungsgebäudes zum Ausgangspavillon, Mathildenhöhe, Darmstadt, Josef Olbrich
Rechts: Vase im Park, Mathildenhöhe, Darmstadt, Albin Müller, 1914

S. 237:
Blick vom Platanenhain auf Hochzeitsturm, Pergola und Brunnen, Mathildenhöhe, Darmstadt, Josef Olbrich, 1898

S. 238:
Links: Haus Deiters, Mathildenhöhe, Darmstadt, Josef Olbrich, 1901
Rechts: „Ernst Ludwig-Brunnen", Mathildenhöhe, Darmstadt, Hartung, 1958

S. 239:
Gartentor des Glückert-Hauses, Mathildenhöhe, Darmstadt, Josef Olbrich, 1901

LITERATURNACHWEIS

L. B. ALBERTI: „Zehn Bücher über die Baukunst", Wissenschaftliche Buchgesellschaft, Darmstadt 1975

M. AUBÖCK: „Die Gärten der Wiener", Verlag für Jugend und Volk, Wien 1975

J. S. BERRALL: „Die schönsten Gärten", Econ Verlag, Düsseldorf–Wien 1966

H. BIEDERMANN: „Medicina magica", Akademische Druck- u. Verlagsanstalt, Graz 1972

BOESIGER, GIRSBERGER: „Le Corbusier 1910–1960", Editions Girsberger, Zürich 1960

M. C. BRANCH: „Comparative urban design" (Rare engravings), Arno Press Inc., New York 1978

BRASCH: „Kyoto – Die Seele Japans", Urs Graf Verlag, 1965

J. BROOKES: „Room outside", Thames and Hudson, 1969

J. BROSSE: „Der Baum", Bayerischer Landwirtschaftsverlag, 1967

BUND NATURSCHUTZ IN BAYERN: „Ökologischer Garten", Fischer Taschenbuch Verlag, 1981

P. S. CANE: „Modern Gardens", Deutsche Bauzeitung GmbH

M. CHARAGEAT: „L'art des jardines", Presses Universitaires de France, 1962

D. CLIFFORD: „Geschichte der Gartenkunst", Prestel Verlag, 1966

P. COATS: „Great Gardens", G. P. Dutnam's Sons, New York 1963

S. CROWE, S. HAYWOOD, S. JELLICOE: „The gardens of Mughul India", Thomas and Hudson, London 1972

DAIDALOS, Architectural Journal, Berlin 3 1982

Der Wiener Dioskurides (Codex Vindobonensis Med. gr. 1), Codices Selecti Vol. XII/XII*, Akademische Druck- u. Verlagsanstalt, Graz 1965–1970

R. DOERNACH, G. HEID: „Das Naturhaus", W. Krüger Verlag, 1982

S. H. ELDEM: „Turk Mimari Eserleri – Works of Turkish Architecture"

G. ELGOOD, G. JEKYLL: „Some English Gardens", Longmans, Green and Co, London 1904

Energies nouvelles et development regional, Castres 1978

H. GERETSEGGER, M. PEINTNER, u. Mitarbeit W. PICHLER: „Otto Wagner", Residenz-Verlag, Salzburg 1969

GESAMTHOCHSCHULE KASSEL: „Leberecht Migge 1881 bis 1935", Worpsweder Verlag, 1981

G. GOLLWITZER: „Bäume", Schuler Verlagsgesellschaft, Herrsching 1980

G. GOLLWITZER: „Gartenlust", Prestel Verlag, 1956

M. L. GOTHEIN: „Geschichte der Gartenkunst", Diederichs Verlag, Jena 1926

M. L. GOTHEIN: „Indische Gärten", Drei Masken Verlag, 1926

O. GRABNER: „Die Alhambra", Du Mont Dokumente, 1981

M. HADFIELD: „The art of the Garden", pictureback, D. Herbert, 1965

M. HAYAKAWA: „The Garden Art of Japan", Weatherhill–Heibonesha, 1973

D. HENNEBO, A. HOFFMANN: „Geschichte der deutschen Gartenkunst", Broschek Verlag, 1963

K. HENNING: „Japanische Gartenkunst", Du Mont Verlag, 1980

H. HUTTER: „Garten und Park", Akademie der bildenden Künste, 1964

„ICOMOS", Les Jardins de L'Islam, Granada 1973

KAKUZO OKAKURA: „Das Buch vom Tee", Insel Bücherei 274, 1966

H. KAUT: „Wiener Gärten", Bergland Verlag, 1964

R. KING: „The Quest for Paradise", Mayflower Books, 1979

ST. KOPPELKAMM: „Gewächshäuser und Wintergärten im neunzehnten Jahrhundert", Verlag G. Hatje, 1981

P. + M. KRUSCHE, D. ALTHAUS, J. GABRIEL: „Ökologisches Bauen", Bau-Verlag, Wiesbaden–Berlin 1982

M. KUBELIK: „Andrea Palladio", Akademie der bildenden Künste, Wien 1975

L. KUCK: „The World of the Japanese Garden", Edition Walker/Weatherhill, New York & Tokyo 1968

LE CORBUSIER und P. JEANNERET: „Gesamtes Werk 1910 bis 1929", Verlag Girsberger, Zürich 1930

B. LEHANE: „Macht und Geheimnis der Pflanzen", Krüger Verlag, Frankfurt a. M. 1978

Gruppe LOG ID: „Grüne Archen", Fricke Verlag, Frankfurt a. M. 1982

H. MATTERN: „Gras darf nicht mehr wachsen", Ullstein Bauwelt-Fundamente, 1964

MICHAELI-ACHMÜHLE: „Der gesunde Garten", Nymphenburger Verlagsbuchhandlung, 1979

L. MIGGE: „Die wachsende Siedlung nach biologischen Gesetzen", Franckh'sche Verlagshandlung, 1932

MITSUMURA SUIKO SHOINCO: „The Zen Gardens", 1962

K. MOLLIK, H. REINING, R. WURZER: „Planung und Verwirklichung der Wiener Ringstraßenzone", Steiner Verlag, Wiesbaden 1980

F. P. MORENO: „Los Jardines de Granada", Arte de Espana 1973

A. NEILREICH: „Flora von Wien", F. Beck's Universitäts Buchhandlung, 1846

E. NEUBAUER: „Lustgärten des Barock", Residenz Verlag, Salzburg 1966

R. NEUTRA: „Mensch und Wohnen", Verlagsanstalt Alexander Koch GmbH, Stuttgart 1956

G. PREUSCHEN: „Der ökologische Landbau heute und morgen", Heinrich Schwab Verlag, 1977

H. von PÜCKLER-MUSKAU: „Andeutungen über Landschaftsgärtnerei", Deutsche Verlagsanstalt, Stuttgart 1977

H. PUTSCHMANN: „Das Ende des naturwissenschaftlichen Zeitalters", Zsolnay-Verlag, 1980

R. RAINER: „Die Behausungsfrage", Verlag Scientia, Zürich 1947

R. RAINER: „Städtebauliche Prosa", Verlag Wasmuth, Tübingen 1948

R. RAINER: „Planungskonzept Wien", Verlag für Jugend und Volk, Wien 1962

R. RAINER: „Lebensgerechte Außenräume", Verlag für Architektur, Artemis, Zürich 1972

R. RAINER: „Die Welt als Garten – China", Akademische Druck- u. Verlagsanstalt, Graz 1976

R. RAINER: „Anonymes Bauen im Iran", Akademische Druck- u. Verlagsanstalt, Graz 1977

R. RAINER: „Kriterien der wohnlichen Stadt", Akademische Druck- u. Verlagsanstalt, Graz 1978

R. RAINER: „Lebensgerechtes Bauen", Akademische Druck- u. Verlagsanstalt, Graz 1978

R. RAINER: „Bauen und Architektur", Akademische Druck- u. Verlagsanstalt, Graz 1980

P. et S. RAMBACH: Le livre secret des jardins Japonais", Ed. Albert Skira, Genf 1973

J. ROETHER: „Jugendstil auf der Mathildenhöhe", E. Roether Verlag, Darmstadt

S. van der RYN: „Mach Gold daraus", Freier Verlag, 1980

F. SCHNACK: „Traum vom Paradies", Rütten und Loening Verlag, Hamburg 1962

W. SCHRÖDTER: „Pflanzengeheimnisse", Schweden-Verlag, 1978

R. SCHULTES, A. HOFMANN: „Pflanzen der Götter", Hallwag Verlag, 1980

A. SEIFERT: „Gärtnern, Ackern ohne Gift", Biederstein Verlag, 1975

A. SEIFERT: „Ein Leben für die Landschaft", Diederichs Verlag, 1962

P. SHEPHEARD: „Grüne Architektur", Ullstein-Verlag, Berlin 1959

B. SCOTT: „Houses and Gardens", Verlag Ernst Wasmuth, 1912

O. SIREN: „Gardens of China", The Ronald Press Corp., 1949

O. T. SUZUKI: „Zen und die Kultur Japans", RoRoRo, 1958

G. TERGIT: „Kaiserkron und Päonien rot", Knaur Verlag, 1963, Kiepenheuer, 1958

H. TESSENOW: „Hausbau und dergleichen", Couvier Verlag, 1928

H. TESSENOW: „Die kleine und die große Stadt", Verlag Callwey, 1961

G. ST. THOMAS: „Gardens of the National Trust", National Trust, Weidenfeld and Nicolson, 1979
A. VOLWAHSEN: „Islamisches Indien", Hirmer Verlag, München 1969
G. WANGERIN: „Heinrich Tessenow, seine Tätigkeit ...", Verlag Richard Bacht, 1976
H. WEICHHARDT: „Grüne Solararchitektur", Verlag C. F. Müller, Karlsruhe 1981
K. WIESE: „Gartenkunst und Landschaftsgestaltung in Japan", Verlag Wasmuth, 1982
D. WRIGHT: „Sonne, Natur, Architektur", Verlag C. F. Müller, Karlsruhe 1980
F. L. WRIGHT: „Usonien", Verlag Gebr. Mann, 1950
F. L. WRIGHT: „Ein Testament", Langen-Müller-Verlag
Y YOSHINAGA: „Japanese Traditional Gardens", Shokokusha
H. ZOTTER: Antike Medizin, Interpretationes ad Codices Vol. II, Akademische Druck- u. Verlagsanstalt, Graz 1980

BILDNACHWEIS

Seite

6, 19	aus H. Biedermann: „Medicina Magica"
20	aus „Der Wiener Dioskurides"
21	aus H. Zotter: „Antike Medizin"
23	Foto G. Norer
24, 25	aus R. Rainer: „Anonymes Bauen im Iran"
26 oben	aus R. Rainer: „Lebensgerechte Außenräume"
36 links	aus Boesiger, Girsberger: „Le Corbusier 1910–1960"
36 oben	aus M. L. Gothein: „Geschichte der Gartenkunst"
37 oben	Fridinger
37 rechts oben + unten	Foto W. Posch
38	aus R. Rainer: „Die Welt als Garten – China"
40	Foto Madensky
48	aus G. Gollwitzer: „Bäume"
49	aus B. Lehane: „Macht und Geheimnis der Pflanzen"
54	Salomon Kleiner
60 oben	Foto Johanna Rainer
61 unten	Foto G. Grabherr
66 oben	aus S. H. Eldem: „Turk Mimari Eserleri"
66 unten	Foto G. Norer
74	aus J. S. Berrall: „Die schönsten Gärten"
75	Archiv des Verfassers
76 oben + Mitte	aus R. Rainer: „Anonymes Bauen im Iran"
80 oben	aus L. Kuck: „The World of the Japanese Garden"
85	Archiv des Verfassers
86	aus G. Wangerin: „Heinrich Tessenow, seine Tätigkeit ..."
87 links + Mitte	aus Gesamthochschule Kassel: „Leberecht Migge 1881–1935"
87	aus P. + M. Krusche, D. Althaus, J. Gabriel: „Ökologisches Bauen"
96	aus P. Shepheard–E. Kühn: „Grüne Architektur"
98	Archiv des Verfassers
100–103	aus St. Koppelkamm: „Gewächshäuser und Wintergärten im neunzehnten Jahrhundert"
101 oben	aus LOG ID: „Grüne Archen"
104 oben	aus D. Wright: „Sonne, Natur, Architektur"
104 Mitte	aus Energies nouvelles et development regional
104 unten	aus LOG ID: „Grüne Solararchitektur"
105 oben	aus LOG ID: „Grüne Archen"
105 unten	aus St. Koppelkamm: „Gewächshäuser und Wintergärten im neunzehnten Jahrhundert"
105 rechts	aus The Architectural Review, May 1982
106	aus G. Wangerin: „Heinrich Tessenow, seine Tätigkeit ..."
108	Daniel Huber: Vogelschau auf Wien, 1766
115	Archiv des Verfassers
116 oben	aus Freizeitkalender der Wiener Konsumgenossenschaften
116 unten	Archiv des Verfassers
117	aus L. Migge: „Die wachsende Siedlung nach biologischen Gesetzen"
118	aus Gesamthochschule Kassel: „Leberecht Migge 1881–1935"
120	aus M. Kubelik: „Andrea Palladio"
121	aus F. L. Wright: „Ein Testament"
122 oben	aus H. Geretsegger, M. Peintner: „Otto Wagner"
122 Mitte	aus Boesiger, Girsberger: „Le Corbusier 1910–1960"
122 unten	Foto E. Plischke
123	Archiv des Verfassers
136	Archiv des Verfassers
137	aus G. Elgood, G. Jekyll: „Some English Gardens"
138	Foto G. Grabherr
146 oben + Mitte	Archiv des Verfassers
146 unten	aus Daidalos, Architectural Journal, Berlin
147	aus H. von Pückler-Muskau: „Andeutungen über Landschaftsgärtnerei"
152	aus M. L. Gothein: „Geschichte der Gartenkunst"
166	aus S. Crowe, S. Haywood, S. Jellicoe: „The gardens of Mughul India"
167	aus R. Rainer: „Anonymes Bauen im Iran"
168 oben	aus R. Rainer: „Anonymes Bauen im Iran"
168 unten	aus S. Crowe, S. Haywood, S. Jellicoe: „The gardens of Mughul India"
169	aus R. Rainer: „Anonymes Bauen im Iran"
170	aus S. Crowe, S. Haywood, S. Jellicoe: „The gardens of Mughul India"
171 oben	aus A. Volwahsen: „Islamisches Indien"
171 unten	aus S. Crowe, S. Haywood, S. Jellicoe: „The gardens of Mughul India"
172	aus S. Crowe, S. Haywood, S. Jellicoe: „The gardens of Mughul India"
177 oben	aus A. Volwahsen: „Islamisches Indien"
177 unten	aus S. Crowe, S. Haywood, S. Jellicoe: „The gardens of Mughul India"
178–191, 193, 194	aus R. Rainer: „Die Welt als Garten – China"
195, 196, 198	Japanisches Fremdenverkehrsbüro, Frankfurt/Main
197	aus P. et S. Rambach: „Le livre secret des jardins Japonais"
199–201, 203	Kulturabteilung der Japanischen Botschaft, Wien
204	aus D. Clifford: „Geschichte der Gartenkunst"
209	M. L. Gothein: „Geschichte der Gartenkunst"
209 unten links	aus R. Rainer: „Städtebauliche Prosa"
210 links	Italienisches Kulturinstitut, Wien
210 rechts	aus M. L. Gothein: „Geschichte der Gartenkunst"
211	Salomon Kleiner
212 oben	Archiv des Verfassers
215	aus R. Rainer: „Lebensgerechte Außenräume"
216	aus Daidalos, Berlin Architectural Journal, 3/1982
217 links + Mitte	aus R. Rainer: „Die Welt als Garten – China"
217 rechts	aus M. C. Branch: „Comparative urban design"
218	aus K. Mollik, H. Reining, R. Wurzer: „Planung und Verwirklichung der Wiener Ringstraßenzone"
219	Archiv des Verfassers
222, 223	Historisches Museum der Stadt Wien
226	Archiv des Verfassers
227	Foto Hubmann, Wien
228, 229	aus W. J. Schweiger: „Franz Lebisch"
230, 231	Archiv des Verfassers
232	Foto Hubmann, Wien
235	aus J. Roether: „Jugendstil auf der Mathildenhöhe"

Alle übrigen Zeichnungen und Fotos vom Verfasser

INHALT

VORWORT 5

ERSTER TEIL · LEBENSRÄUME

„WILDE GÄRTEN" UND HEILKRÄUTER 6

HÖFE, ATRIEN UND DACHGÄRTEN 22

KULTURLANDSCHAFT 38

BÄUME 48

STEIN, HOLZ UND DIE ZEICHEN DER ZEIT 64

WASSER UND ABWASSER 74

PFLANZENLIEBHABEREI 88

GLASHÄUSER 98

DIE KLEINEN GÄRTEN 106

HAUS UND GARTEN 120

ENGLISCHE GÄRTEN, LANDSCHAFTSGÄRTEN 136

ISLAMISCHE TRADITIONEN 148

ZWEITER TEIL · SINNBILDER UND KUNSTWERKE

IRANISCHE UND MOGHULGÄRTEN 166

CHINESISCHE GÄRTEN 178

JAPANISCHE GÄRTEN 196

GÄRTEN DER RENAISSANCE UND DES ABSOLUTISMUS 204

GÄRTEN IM JUGENDSTIL 226

BILDNACHWEIS UND LITERATUR 240

Weitere Werke des Verlages

ROLAND RAINER
DIE WELT ALS GARTEN – CHINA

Insgesamt 214 Seiten mit 90 Farb-, 92 Schwarzweißfotos und 37 Textillustrationen. Format: 27 x 28 cm, Ganzleinen mit Schutzumschlag.

Ein Prachtband über die jahrtausendealte Gartenkunst Chinas – nicht nur ein optischer Genuß, sondern auch Hinweis auf die traditionsgebundene Erhaltung der natürlichen ökologischen Systeme.

* * *

ROLAND RAINER
ANONYMES BAUEN IM IRAN

Erstveröffentlichung. Insgesamt 259 Seiten, davon 80 Farbtafeln mit 116 Abbildungen, 97 Schwarz-Weiß-Tafeln mit 126 Abbildungen sowie 54 Zeichnungen, Kartenskizzen und Pläne. Text in Deutsch, Englisch und Persisch. Graphische Gestaltung: Roland Rainer. Format: 27 x 28,5 cm, Ganzleinen mit Schutzumschlag.

Bewässerte Hofhäuser, phantasievolle Wasserspiele in den Paradiesgärten rufen in dieser Publikation eine Traumwelt aus Tausendundeiner Nacht hervor und zeigen klar, daß lebensgerechte Städte keine Utopie sein müssen.
Neue Zürcher Zeitung, 27. 1. 1978, S. 39

* * *

ROLAND RAINER
KRITERIEN DER WOHNLICHEN STADT

Trendwende in Wohnungswesen und Städtebau

200 Seiten mit 60 farbigen und zahlreichen Schwarzweiß-Abbildungen. Format: 22 x 23 cm, Ganzleinen mit Schutzumschlag.

Der Autor, der sich als Stadtplaner von Wien und Architekt von Siedlungen und Gartenstädten seit fünfundzwanzig Jahren um die zeitgemäße Weiterentwicklung der städtischen Umwelt bemüht, legt hier umfassendes, aktuelles Untersuchungsmaterial vor allem aus der westlichen Welt über die Ergebnisse des Wohnbaus der letzten Jahrzehnte vor.

OTTO MAZAL
PFLANZEN · WURZELN · SÄFTE · SAMEN

Antike Heilkunst in Miniaturen des Wiener Dioskurides

104 Seiten mit 28 originalgetreuen Faksimile-Wiedergaben, Format: 29 x 35,5 cm, Ganzleinen mit Schutzumschlag.

Ein Auswahlband mit den schönsten und wichtigsten Miniaturen aus dem „Wiener Dioskurides", dem pharmakologisch bedeutendsten Werk der Antike.

* * *

DAS KRÄUTERBUCH DES JOHANNES HARTLIEB

Eine deutsche Bilderhandschrift aus der Mitte des 15. Jh.s

Mit einer Einführung und Transkription von H. L. Werneck, herausgegeben von F. Speta

Neuerscheinung. Vollständige Dokumentation von Ms. 4 aus dem Besitz der Bibliothek des Oberösterreichischen Landesmuseums, Linz. 128 Seiten mit 116 Farbabbildungen auf 32 Farb- und 32 Schwarzweißtafeln. Format: 18,5 x 26 cm, Ganzleinen mit Schutzumschlag.

* * *

ANTON BAMMER
WOHNEN IM VERGÄNGLICHEN

Traditionelle Wohnformen in der Türkei und in Griechenland

156 Seiten Text und Zeichnungen, 8 Farb- und 48 Schwarzweißtafeln, Format: 22 x 28,5 cm, Ganzleinen mit Schutzumschlag.

Das zunehmende Unbehagen über die westliche, in Beton und Stahl „erfrierende" Architektur fördert die Erinnerung an anonyme bzw. vergessene Bauweisen, die offenbar ihren Bewohnern eine Wohnbefriedigung brachten, um die wir sie aus unserer desillusionierten Sicht beneiden.

AKADEMISCHE DRUCK- u. VERLAGSANSTALT, GRAZ